2030年の学校教育

SCHOOL EDUCATION 2030

——新しい資質・能力を育成する授業モデル

西村徳行 編著
柄本健太郎 編著
東京学芸大学次世代教育研究推進機構

明治図書

まえがき

変化が激しく、予想がつかない時代だと言われている。実際2020年に新型コロナウイルス感染症拡大で通常の授業が困難になるなんて2019年には誰も予想がつかなかったのではないか。もはや未来を予測して、必要な能力を子どもに身につけさせるという方法では対応できなくなってしまっていると考える。以前は子どもたちに「大人になったら使うからしっかり覚えておきなさい」と説得することができた。しかし現在では子どもが今学んだ知識や技能の多くは、社会の変化が激しいので大人になったときに活用できる保障がなくなってしまっているのである。

そのため子どもたちにどのような能力を身につけさせるべきか。それは未来がどのように変わったとしても対応できる能力であろう。それがコンピテンシー（資質・能力）の育成についての基本的な考え方である。批判的思考力、問題解決力、好奇心・探究心などの能力は変化に対応する能力として注目され、そのような能力を育成する授業方法が求められるようになった。しかしカリキュラム・オーバーロードと言われるように、教えるべき内容がどんどん膨らんできて、授業時間数がもはやぎりぎりになってきてしまっている。

新しい何かを付け足すことは難しい状況にあると考えられる。

　このような難しい状況であるが、日本の良い授業の中で、今までも無意識的に資質・能力は育成されてきたのではないかと考えれば、切り抜けることができるだろう。今まで行われてきた授業を見つめ直し、どのような資質・能力が、どのように育成されているのか、そのための手立ては何か、を発見することができるのではないか。そのことによって新たに時間をとらずに、資質・能力を育成することができるのではないか。

　これが本書の提案である。日々の授業を工夫して考えていらっしゃる先生方、資質・能力の育成に関心のある研究者・大学院生に手にとって頂き、ご批評いただけたら幸いである。

本書の特長と使い方

本書の趣旨

本書は、東京学芸大学次世代教育研究推進機構の研究成果を、広く学校の先生方や資質・能力の育成に関心のある研究者・大学院生・学生向けにわかりやすく発信することを目的としている。

東京学芸大学次世代教育研究推進機構とは文部科学省機能強化経費の補助を受け、「ＯＥＣＤとの共同による次世代対応型指導モデルの研究開発（2015.04~2018.03）」に取り組んできた。そこで研究してきたのは「小学校・中学校における教科等の授業にて、子どもたちのコンピテンシー（資質・能力）をどのように育成するか」ということである。

なぜ我々は教科等にこだわるのか。それはこれまでの日本の教科等の授業の中で、資質・能力は育成されてきたと考えるからである。当然すべての授業で育成されてきているわけではないが、優れた教師は子どもが主体的に学ぶように、学び合うように、多面的に考えるように授業を工夫してきた。それがコンピテンシー（資質・能力）の育成と意識していなかっただけとも考えられる。

本書の特長と使い方

そこで本書は日本の優れた教師が無意識的に育成してきた能力を、教科等を越えた能力である資質・能力の観点から捉え直そうというものである。

各章は以下のようになっている。まず第1章で資質・能力という概念はどのようなもので、どのような背景から生まれてきたのかについて、文部科学省等国内の機関だけではなく、ＯＥＣＤのような国際機関の枠組みからも検討する。

第2章ではそれらの検討を基に、それぞれの資質・能力の定義と、それがどのように育成されるのか、またそのための手立てにはどのようなものがあるのかについて東京学芸大学次世代教育研究推進機構の研究成果から説明していく。

第3章では具体的に各教科等の授業の中で、具体的にどのような資質・能力がどのように育成されていったのかについて論じる。小学校6事例（国語、社会、音楽、図工、道徳、特別活動）、中学校6事例（数学、理科、技術、家庭、保健、体育）の計12事例で具体的に論じていく。

あとがきでは今後の課題について簡潔にまとめる。

目次

第2章 次世代教育研究推進機構プロジェクトの概要

第3章
資質・能力（コンピテンシー）育成のための授業

第1章

資質・能力の育成に関するキーワード

1　資質・能力の育成に関するキーワード

はじめに

資質・能力とは、一言でいえば、複雑な現実社会の中で自らの力を発揮して活躍し、豊かな人生と社会を創っていくための力を指す。この章では、育成すべき資質・能力とは何かを紹介する。すなわち、資質・能力と類似概念であるコンピテンシーの意味、なぜ育成すべきなのか、そして、日本の資質・能力の特徴を明確にするためにＯＥＣＤによる枠組みとの比較を行う。第1章のあとにつながる「それはどのように育成されるのか」（第2章）、「具体的にどのような授業で育成されるのか」（第3章）という話の前提となる内容である。

資質・能力とは　海外での議論

資質・能力の類似概念としてコンピテンシーがあるが、コンピテンシーは、「単なる知識やスキルを指すのではなく、スキルや態度を含む様々な心理社会的リソースを活用・結集し、特定の文脈の中で複雑な要求に対応する能力」（Schleicher, 2005）と定義されている。社会の中で子どもたちに求められるコンピテンシーは、様々な国やプロジェクトで検討されてきた。プロジェクトとその成果としては、例えばATC21sによる21世紀型能力、OECD（経済協力開発機構）が立ち上げたDeSeCoプロジェクトによるキー・コンピテンシー、Center for Curriculum Redesign（CCR）による学力の三要素（ファデル・ビアリック・トリリング、2015：翻訳 岸（監訳）・関口・細川（編訳）、2016）、国内では国立教育政策研究所による基礎力・思考力・実践力の三層構造（国立教育政策研究所、2016）などがある。このうち、DeSeCoプロジェクトは社会の中で活躍するために求められるコンピテンシーを「キー・コンピテンシー」と呼び、「相互作用的に道具を用いる」、「自律的に活動する」、「異質な集団で交流をする」の3つを鍵となる力として挙げた。

コンピテンシーに関する複数のプロジェクト、国々に共通する問題意識は、従来の教育目標とされていた知識・スキルだけでは、子どもたちが社会の中で活躍し幸福な人生を送っていくためには不十分であるというものである。コンピテンシーは現実世界、文脈の中で機能することに重点をおいた力である。そのため、現実世界の中でどのように行動するかに影響を与える要素として、子どもたちの価値観、態度、そして社会の中で他者と関わるための社会スキルが、従来、教育目標とされていた知識・スキルに加えて、議論の中に含められることになった。

　コンピテンシーに関する議論は日本と海外とで同時進行で進み、それによりコンピテンシーという言葉は、日本の資質・能力という言葉と重なりをもち、近年では同じ意味で使われるようになっている。

　近年の海外の動向としては、２０１５年からＯＥＣＤがThe Future of Education and Skills 2030事業（初期の名称はEducation2030事業。以下、E2030事業）を立ち上げたことが挙げられる。E2030は時代に即したキー・コンピテンシー2.0とでもいうべき、今の時代に子どもたちに求められるコンピテンシーを２０１５年から行っていた。事業の名称を日本語に訳すなら、「教育とスキルの未来２０３０」となるが、スキルだけを検討しているのでは決してない。スキルに留まらない幅広いコンピテンシーの検討、そして２０１９年の最終成果としては、コンピテンシーを他の要素と積極的に関連付ける形でコンピテンシーにも留まらない提案を行っている。事業の成果物は本章の後半で詳しく紹介していく。

資質・能力とは　日本での議論

海外でのコンピテンシーに関する議論に連動して、日本では資質・能力という言葉で議論が行われてきた。子どもに求められる資質・能力としては、前述の国立教育政策研究所による研究、育成すべき資質・能力を踏まえた教育目標・内容と評価の在り方に関する検討会による論点整理（平成26年）、中教審答申（平成28年）、教育課程企画特別部会による論点整理（平成27年）、幼稚園教育要領（平成29年告示）、学習指導要領（小・中学校　平成29年告示、高校　平成30年告示、特別支援学校　平成29年・平成31年告示）に述べられている。

図　育成すべき資質・能力の三つの柱（文部科学省）

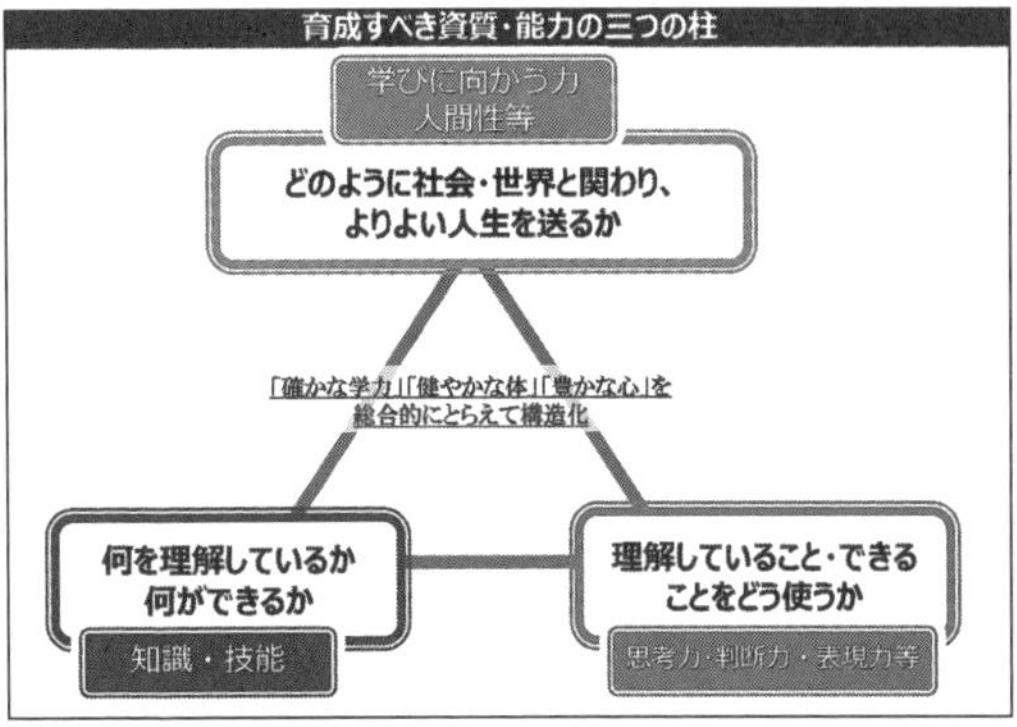

　中教審答申の中では、「『生きる力』については、過去の中央教育審議会答申において、変化の激しいこれからの社会を生きていくために必要な資質・能力の総称であると位置付けられている（平成８年７月答申参照）。」と述べられている。今の時代で活躍するために必要な資質・能力を総合したものが「生きる力」であり、「生きる力」と資質・能力間の関係が想定されている。

学習指導要領として最終的に採用された資質・能力の枠組みは、「知識及び技能」、「思考力・判断力・表現力等」、「学びに向かう力、人間性等」の3つの柱である。

資質・能力の3つの柱は、従来の「確かな学力」「健やかな体」「豊かな心」を再構成する形で整理された。「知識及び技能」は何を理解しているか、何ができるか、「思考力・判断力・表現力等」は理解していること・できることをどう使うか、「学びに向かう力、人間性等」はどのように社会・世界と関わり、より良い人生を送るかという説明が図では加えられている。

資質・能力の要素は、平成27年の教育課程企画特別部会の論点整理によれば、次の表のように整理されている。

これら3つの資質・能力は、学校教育法の第三十条で「(前略)…生涯にわたり学習する基盤が培われるよう、基礎的な知識及び技能を習得させるとともに、これらを活用して課題を解決するために必要な思考力、判断力、表現力その他の能力をはぐくみ、主体的に学習に取り組む態度を養うことに、特に意を用いなければならない。」と書かれていることに対応していると考えられる。

表　資質・能力の要素（教育課程特別部会、2015）

ｉ）「何を知っているか、何ができるか（個別の知識・技能）」	各教科等に関する個別の知識や技能などであり、身体的技能や芸術表現のための技能等も含む。基礎的・基本的な知識・技能を着実に獲得しながら、既存の知識・技能と関連付けたり組み合わせたりしていくことにより、知識・技能の定着を図るとともに、社会の様々な場面で活用できる知識・技能として体系化しながら身に付けていくことが重要である。
ⅱ）「知っていること・できることをどう使うか（思考力・判断力・表現力等）」	問題を発見し、その問題を定義し解決の方向性を決定し、解決方法を探して計画を立て、結果を予測しながら実行し、プロセスを振り返って次の問題発見・解決につなげていくこと（問題発見・解決）や、情報を他者と共有しながら、対話や議論を通じて互いの多様な考え方の共通点や相違点を理解し、相手の考えに共感したり多様な考えを統合したりして、協力しながら問題を解決していくこと（協働的問題解決）のために必要な思考力・判断力・表現力等である。
ⅲ）「どのように社会・世界と関わり、よりよい人生を送るか（学びに向かう力、人間性等）」	上記のｉ）及びⅱ）の資質・能力を、どのような方向性で働かせていくかを決定付ける重要な要素であり、以下のような情意や態度等に関わるものが含まれる。 ・主体的に学習に取り組む態度も含めた学びに向かう力や、自己の感情や行動を統制する能力、自らの思考のプロセス等を客観的に捉える力など、いわゆる「メタ認知」に関するもの。 ・多様性を尊重する態度と互いのよさを生かして協働する力、持続可能な社会づくりに向けた態度、リーダーシップやチームワーク、感性、優しさや思いやりなど、人間性等に関するもの。

資質・能力の3つの柱は、幼稚園、小学校、中学校、高等学校、特別支援学校（小学部、中学部）の各種学習指導要領の中に記述されている。また、教科を問わず、学校教育全体で育成を目指すべきことが述べられている。資質・能力の3つの柱によって、学校種の枠組み、教科等の枠組みを貫き通す軸が入ったといえる。[1]

資質・能力の3つの柱のうち、「学びに向かう力、人間性等」には、学びに向かう力に加えて、人間性等がある。人間性等は、人の価値観や物事への態度、意欲といった面を含み、育成が難しい、評価が難しい、さらにはそもそも学校教育で育成すべきではなく家庭や地域に育成を任せるべきという意見もありえる。人間性等をあえて育成すべき資質・能力の中に含めた理由としては、2つ考えられる。

まず従来の「豊かな心」には、学びに向かう力の中に納まりきらないものがあることが1つである。従来の「豊かな心」の育成と、資質・能力の考え方を連続させることで、従

(1) 資質・能力の柱は大学教育においても存在感を増している。「高大接続改革実行プラン」（平成27年）では、高等学校教育、大学教育、大学入学者選抜を通じて、「知識・技能」だけでなく「知識・技能を活用して、自ら課題を発見し、その解決に向けて探究し、成果等を表現するために必要な思考力・判断力・表現力等の能力」（「思考力・判断力・表現力」）や主体性をもって多様な人々と協働する態度（「主体性・多様性・協働性」）などを「真の学力」として育成・評価の対象にて挙げている。

来の教育目標と新学習指導要領の内容とで連続性をもたせることができる。

また、社会・世界との関わり方、生き方をも視野に入れるためには、学びに向かう力だけでなく、知識及び技能や思考力・判断力・表現力等を何のために、どのように使い社会と関わっていくのかという側面が欠かせない。もっている力を社会、世界の中でどのように使うかには、個人の価値観、物事への態度、意欲といった面が影響を強く及ぼしてくる。例えば、同じ医療の知識でも、人を治療し人の人生をより良いものにする手助けのために使うのか、それとも人の心身の状態を操作し、人を思い通りに操るために使うのかでは、まったく世界との関わり方が異なってくる。社会・世界との関わり方、生き方まで視野に入れて子どもたちを育成するためには、価値観や態度といった側面も教育で扱うことが効果的と考えられる。

資質・能力の導入は、求められる学びの姿、評価、カリキュラムの検討とセットとなっている。文科省では、資質・能力を「何ができるようになるか」、「主体的・対話的で深い学び」を「どのように学ぶか」とそれぞれ表現している。

求められる学びの姿としては、資質・能力を育成するための学びの姿として、「主体的・対話的で深い学び」が提唱された。

図　学習指導要領改訂の考え方（文部科学省）

評価としては、資質・能力の3つの柱を評価する際に、対応する形で「知識・技能」、「思考・判断・表現」、「主体的に学習に取り組む態度」・「感性、思いやりなど」が設けられた。なお、「主体的に学習に取り組む態度」は観点を設けて評価する一方で、「感性、思いやりなど」については、個人内評価を行うことが望ましいとされている。

さらにカリキュラムの検討としては、各学校におけるカリキュラム・マネジメントの確立が求められている。

ここでのカリキュラム・マネジメントは文科省によれば「生徒や学校、地域の実態を適切に把握し、教育の目的や目標の実現に必要な教育の内容等を教科等横断的な視点で組み立てていくこと、教育課程の実施状況を評価してその改善を図っていくこと、教育課程の実施に必要な人的又は物的な体制を確保するとともにその改善を図っていくことなどを通して、教育課程に基づき組織的かつ計画的に各学校の教育活動の質の向上を図っていくこと」（中学校学習指導要領（平成29年告示）解説総則編）を指す。

カリキュラム・マネジメントの大元である、「教育の目的や目標」は、「生きる力」、そして資質・能力を指すと考えられる。そのため、カリキュラム・マネジメントを行うには、育成したい資質・能力、そして育成したい子どもの姿を明確に子ども、学校、地域が共有し、イメージできることが欠かせない。

資質・能力とは　なぜ重要なのか

ここまで、資質・能力は「生きる力」とも関連があり、「主体的・対話的で深い学び」という学びの姿、カリキュラム・マネジメントというカリキュラムの検討とセットになっていることを見てきた。また、資質・能力の枠組みは、海外の議論とも連動していることも見てきた。ここで問い直したいのは、資質・能力という枠組みを日本の教育で採用することの意義である。

意義の1つは、現実場面、文脈の中で実際に機能する力としての資質・能力の側面である。現代は、変化の激しい不安定な社会という意味で、ＶＵＣＡの時代とも呼ばれる。ここでのＶＵＣＡとは、Volatility（不安定さ）、Uncertainty（不確実さ）、Complexity（複雑さ）、Ambiguity（曖昧さ）の頭文字をとったものである。変化の激しい不安定な社会という文脈抜きで、教育の姿を議論することはできない。現実の中で「生きる力」として働くという、資質・能力の考え方は、社会の中で活躍し、豊かな人生と社会を創っていく子どもたちを育成するために欠かせない。

また、関連する意義として、従来の「知識、スキル」の範囲を、資質・能力の枠組みが超えているという側面がある。ＶＵＣＡな時代の中で、子どもたちにより良い人生を生きる力をつけるなら、特定の知識・スキルだけでなく、知識・スキルを使って社会と関わる力が必要であり、状況に応じて上手に学び続ける力も必要である。この社会と関わる力としての人間性（価値観、態度、意欲など）と、上手に学ぶ力といったものも範囲に含む枠組みが、資質・能力なのである。

特に、人間性に関しては、態度・価値的なものを含めることで、身につけたことを子どもたちがどのように使うかまで含めて教育において考えることができる。社会の創り手として新しい時代を切り拓いていくためにも、「なぜ学ぶのか」「どのような人生を生きていきたいのか」「どのような社会を創っていきたいのか」といった価値的な面を、資質・能力として含めて教育していくことは大事である。

資質・能力の教育上の意義としては、様々な「力」を同じ枠組みで捉えなおせるというものがある。新学習指導要領では、学校種・教科等を超えて資質・能力という軸が貫き通された。これは、資質・能力という枠組みの範囲が、各教科等の具体性の強いものから、「批判的思考力」「創造性」といった比較的抽象度の高いものまで幅広く存在するためと考えられる。幅広く許容されるからこそ、学校種、教科等を問わずに資質・能力の3つの枠組みが設定可能なのであり、同時に各学校種、教科等で具体的な資質・能力の設定が可能になるのである。これにより、1人の子どもの学びを学校種や教科で分断するのではなく、学び全体を捉えることができる。

様々な「力」を同じ資質・能力という枠組みで捉えなおせるという意義は、学校教育とその他との接続の可能性も開くことができる。経済産業省によって提唱され、従来議論されてきた「人生100年時代の社会人基礎力」、大学教育において議論されている「学士力」、その他、企業・地域を含め、学校外、広く社会の中で育成される力も、資質・能力の枠組みの中で関連性・連続性・一貫性、相補性を議論することできる。学校内外の教育の間の情報が整理されることで、子どもにとっては、自身が体験する教育の関連性・連続性・一貫性・相補性が高まり、学びにつながりが生まれ、より良い教育を体験することができる。

様々な「力」を同じ資質・能力という枠組みで捉えなおせるという意義の範囲は、日本の学校教育、学校教育以外の教育の範囲に留まらず、海外の教育も含まれる。海外の優れた実践を、資質・能力という枠組みを使い捉えることで、日本との共通性、相違点を議論しやすくなる。

議論しやすくなるということは、例えば、新学習指導要領が海外の動向と連動して検討されたように、資質・能力（海外はコンピテンシー）という枠組みを共有しているからこそ、いま必要な教育について、海外の知見を取り入れつつ、迅速な議論を行うことができるということである。このことは、反対に、日本の優れた知見・実践を海外に紹介・輸出しやすくなることも示している。子どもたちにとっては、最新かつ最善の教育を経験するチャンスがより広がることになる。

資質・能力とは　日本での今後の課題

資質・能力という枠組みは、数々の答申や研究を経て、新学習指導要領によって日本の学校教育に本格的に取り入れられた。今後、資質・能力という枠組みの意義をさらに高めるために、何が求められるのであろうか。

新学習指導要領では、各教科等の中で、資質・能力の3つの柱を用い、目標が整理されている。一方、教科間の関連性を見ると、教科間の関連性、接続については、十分にまで議論しつくされてはいないと考えられる。例えば、同じ「知識及び技能」という柱を国語と理科の中でそれぞれ目標として設定したとき、国語で学ぶ「知識」と理科で学ぶ「知識」がどのように関連しているのか、わかっていないことが多い。すなわち、特定単元の知識及び技能が他の教科のどことつながるのか、まだ不明確なのである。

従来は、指導事項や教育内容について、教科間の関連性が検討されていた。例えば、「人権教育で教科を貫く」、「環境問題を各教科等で扱う」といったものである。このような内容で教科間の関連性をつくることとは別に、資質・能力という枠組みを用いることで、育成される「力」での教科間の関連性をつくることができる。

資質・能力に関する各教科等の関連性を高める方策としては、カリキュラム・マネジメントの「教育の目的や目標の実現に必要な教育の内容等を教科等横断的な視点で組み立てていくこと」が対応策として挙げられる。

しかし、カリキュラム・マネジメントは次の点で難しさをもっている。1点目は、資質・能力の視点から学校教育を捉えなおすことの蓄積不足である。従来の教育目標、指導事項を資質・能力の枠組みで捉えなおす試みは、新学習指導要領の改訂を契機に始まったばかりであり、情報の整理や、実践の蓄積が進行中の段階である。資質・能力の枠組みを各教科等が使い、教育を再解釈し、実際に運用し、子どもたちへの教育という形で実践され、さらに教科等の関連性の検討につなげるには、各学年の指導事項が一回りする1年間は最低必要であり、新学習指導要領の改訂内容は資質・能力という枠組みの導入だけではないため、1年以上はかかることが見込まれる。前述のように、主体的・対話的で深い学び、評価、カリキュラム・マネジメントといった要素もあり、それぞれの要素が資質・能力という枠組みと連動しているといえど、学校の取り組みを捉えなおし、教育を再構築するという点では時間と手間がかかる。

また、カリキュラム・マネジメントによって資質・能力の枠組みを使うことの難しさの2点目として、新学習指導要領と解説の段階で、各教科間の資質・能力における関連が具体的に明記されていないことが挙げられる。前述の「蓄積不足」という難しさから、学習指導要領という影響力の大きな文書に事例を挙げる段階にはまだ至っていないと考えられる。次の学習指導要領・解説において各教科等の資質・能力における関連性が明記されるために、実践事例や研究の蓄積が必要である。

資質・能力の枠組みを用い、また、カリキュラム・マネジメントを行い教科等の間の関連性を高めるためには蓄積が必要である。それは、特定単元の知識及び技能が他の教科のどことつながるのかの具体例の蓄積であり、また、各教科を超える、教科汎用的な資質・能力として何が設定可能なのかの具体例の蓄積でもある。

東京学芸大学次世代教育研究推進機構では、2015年から事例の蓄積と分析を小学校・中学校の全教科等を対象に行ってきた。事例の蓄積と分析の際、資質・能力の枠組みとしては、7つのスキルと、8つの態度・価値が用いられた。7つのスキルは、批判的思考力、問題解決力、協働する力、伝える力、先を見通す力、感性・表現・創造の力、メタ認知力である。8つの態度・価値は、愛する心、他者に対する受容・共感・敬意、協力しあう心、より良い社会への意識、好奇心・探究心、正しくあろうとする力、困難を乗り越えようとする力、向上心である。これらの7つのスキルと8つの態度・価値によって各教科等を貫き通し、また教科等の中で、資質・能力として指導事項を解釈し直し、実践の記録と分析を行っている。その成果は、本書の第2章、第3章で詳細に述べられる。

また、自治体レベル、学校レベルで取り組みを進めているところもある。取り組みの中には、資質・能力を教科等の中で検討したものに留まり、教科等の関連性までは検討していないものも含まれるが、情報とノウハウの蓄積は着実に進みつつある。

一方、従来から行ってきた実践の中には、育成したい「力」に関して教科横断的な取り組みに既になっている場合もある。例えば、平成28年の中教審答申（幼稚園、小学校、中学校、高等学校及び特別支援学校の学習指導要領等の改善及び必要な方策等について）や、奈須（2017：p.10）が指摘するように、「言語活動の充実」や「情報活用能力」に学校全体で取り組んでいる場合、資質・能力を串として教育活動全体が貫き通されていると考えられるのである。その場合、各教科等で取り組んでいる言語活動を3つの柱で捉えなおすことで、資質・能力の枠組みを活用していることになる。

資質・能力とは　ＯＥＣＤの場合

ここまで資質・能力の日本の場合の状況と今後の課題を紹介してきた。次は、日本の資質・能力の枠組みをさらに深く理解するために、海外の枠組みと比較を行う。海外の枠組みとして紹介するのは、２０１５年からコンピテンシーに関する国際的な議論を積み重ねてきたＯＥＣＤの枠組みである。

なお、海外の枠組みでは「コンピテンシー」という用語が用いられるが、海外と日本の議論が連動して進んでいることもあり、日本の「資質・能力」という用語と大きな意味の差がなくなってきた。そのため、本章の「コンピテンシー」は資質・能力と同じ意味で使っている。

ＯＥＣＤは、２０１５年からE2030事業を推進してきた。E2030事業は、２０１５年から２０１８年までの４年間を第１段階、２０１９年から２０２２年までの４年間を第２段階としている。第１段階では、今の時代に求められるコンピテンシーや、コンピテンシー育成のためのカリキュラムを検討する。第２段階では、第１段階で検討されたコンピテンシーやカリキュラムを教育現場において効果的に実施していくための、カリキュラム改定、教授法・評価法、教員養成・教員研修などの検討が行われている[2]。

E2030事業は２０１５年からの第１段階でDeSeCoプロジェクトでのキー・コンピテンシーを再検討してきた。具体的には、行政官、研究者、教師、ＮＰＯ、高校生（一部大学

（２）E2030の第２段階の途中、２０１９年末から世界的にコロナ禍が生じた。E2030事業では、コロナ禍に対応する形で、コロナ禍における教育を考える枠組みをオンライン上の文書の形で提案したり、国際的な議論の場をオンラインで設けたりすることで、最新の状況の分析と対策の検討を行っている。

生）といった多様な参加者による年2回の国際会議や、課題別ワーキンググループでの議論が進められてきた。国際会議では、パリ（ＯＥＣＤ本部）、東京、北京、リスボン、バンクーバー、イルサン・ソウルといった都市で開催され、日本からも文科省関係者、教師、高校生・大学生、研究者などが参加した。参加者には、国際的な枠組みに対して提案を行うとともに、自国のカリキュラムとの比較を行い、国内外を往還した議論を行うことが求められていた。そのため、日本からは、教育改革、新学習指導要領改訂の情報や、資質・能力に関する研究、実践の報告が国際的な議論の中で紹介された。また、一方で、文科省関係者を通じて、E2030の資質・能力の検討内容も、新学習指導要領改訂に影響を与えたと考えられる。

それらの議論の結果として２０１９年に発表されたのが「ＯＥＣＤラーニング・コンパス（学びの羅針盤）２０３０」である。英語では、OECD Learning Compass 2030と表記される。以降、「ラーニング・コンパス」と表記する（図「ＯＥＣＤラーニング・コンパス（学びの羅針盤）２０３０」（OECD, 2019a）は、以下を参照。http://www.oecd.org/education/2030-project/teaching-and-learning/learning/）。

ラーニング・コンパスの概念図に含まれる要素については、コンセプトノートと呼ばれる説明文書がOECDのウェブサイト上で公開されている。コンセプトノートの一部（ラーニング・コンパスと生徒エージェンシー）については、文書の日本語訳も同じくOECDのウェブサイト上で公開されている。

ラーニング・コンパスは特定の国のカリキュラムのあるべき姿を示すことを意図して作成されたわけではない。カリキュラムの枠組みではなく、あくまで、国際的な議論に基づく、これからの時代に求められるコンピテンシーの枠組みとされている。

また、学校教育のみに限定された枠組みでもなく、学校教育の外で行われる教育も対象に含んだ視野に入れた枠組みである。コンセプトノートの活用方法としては、国、自治体、学校、個人など様々なレベルでコンピテンシーについて議論する際の参照枠、参考とすることが考えられる。

ラーニング・コンパスでは、資質・能力をコンパスの形で表現している。コンパスの針の形で知識、スキル、態度、価値の4つの枠組みが表現されている。この4つの枠組みにおいては、日本の学習指導要領の資質・能力の3つの柱である、「知識及び技能」、「思考力・判断力・表現力等」、「学びに向かう力、人間性等」と大きな違いはない。すなわち、要素の切り分け方に微妙に違いはあるものの、「知識」と「スキル」が「知識及び技能」、

「思考力・判断力・表現力等」に対応し、態度・価値が「学びに向かう力、人間性等」に対応していると考えられる(3)。

しかし、ラーニング・コンパスの特徴として、そして日本との大きな違いは、特に重要なものを要素として別に明示していることである。それらは、コンパスの内側から順番に「学びの中核的な基盤」(Core foundation)、「より良い未来の創造に向けた変革を起こすコンピテンシー」(Transformative competency)である。

「学びの中核的な基盤」は、コンセプトノートによれば「カリキュラム全体を通して学習するために必要となる基礎的な条件や主要な知識、スキル、態度及び価値」とされている。具体的には、読み書き能力やニューメラシー(数学活用能力・数学的リテラシー)、データ・リテラシー(データ活用・解析能力)やデジタル・リテラシー(デジタル機器・機能活用能力)、心身の健康管理、それから社会情動的スキルが含まれている。様々なコンピテンシーを育成するための基盤としてこれらの知識、スキル、態度・価値が働くこと

(3) 日本の学習指導要領に記載されている、各教科等の特質に応じた物事を捉える視点や考え方(「見方・考え方」は、ラーニング・コンパスにおいては、「知識」の分類の1つである「認識論的知識(Epistemic knowledge)」と関連していると考えられる。

が期待されている。

日本の場合でも、学習指導要領改訂上の重要事項として言語能力の確実な育成、情報活用能力が取り上げられているが、それらを含んだ基盤的な力が、「中核的な基盤」としてあえて概念図の中で明示・表現されているのがラーニング・コンパスの大きな特徴である。

「より良い未来の創造に向けた変革を起こすコンピテンシー」は、同じくコンセプトノートによれば、「複雑性や不確実性に適応し、より良い未来を創造できるようにするため」に備えるべきコンピテンシーとされている。細かくは、「新たな価値を創造する力」(Creating new value)、「責任ある行動をとる力」(Taking responsibility)、「対立やジレンマに対処する力」(Reconciling tensions and dilemmas)の3つに分かれる。ＶＵＣＡの時代の中で、特に身につけるべきコンピテンシーとして、学びの中核的な基盤と同様に、図の中で強調されている。

日本の類似概念としては、２０１３年～２０１７年を対象期間として２０１３年に閣議決定された第２期教育振興基本計画の３つの理念「自立」「協働」「創造」がある。教育振興基本計画は、「教育基本法に基づき政府が策定する教育に関する総合計画」(文部科学省、2013)である。第２期では、計画の大元となる理念として、「自立」(一人一人が、多様な個性・能力を伸ばし、充実した人生を主体的に切り拓いていくことのできる生涯学習社会）、「協働」（個人や社会の多様性を尊重し、それぞれの強みを生かして、共に支え合い、高め合い、社会に参画することのできる生涯学習社会）、「創造」（自立・協働を通じて更なる新たな価値を創造していくことのできる生涯学習社会）の3つを設定していた。そして、3つの理念に基づき、4つの基本的方向性、8つの成果目標、30の基本施策が設けられていた。

基本計画の3つの理念はあくまで目指すべき「社会の姿」であり、子どもたちに求められるコンピテンシーとは異なるため、注意が必要である。その点を承知の上で比較すると、例えばラーニング・コンパスの「責任ある行動をとる力」と基本計画の「自立」とでは、当事者性をもって主体的に行動する面は共通しているが、前者では自身や社会に対する責任感、後者では多様性、個性の伸長が強調されている。「対立やジレンマに対処する力」と基本計画の「協働」を比較すると、前者では人と人との間の利害や意見の調整、物理的制約などへの対処、後者では多様性の尊重と活用と、強調点が異なっている。「新たな価値を創造する力」と基本計画の「創造」は、新たな価値の創造という点でほぼ共通している。(4)

「より良い未来の創造に向けた変革を起こすコンピテンシー」の事例としては、E2030事業のウェブサイトに取り上げられた、東京学芸大学附属国際中等教育学校の家庭科の実践（菊地英明教諭）がある（OECD, 2019c）。この事例では特に「責任ある行動をとる力」に着目し、中学校2年生の洗剤と衣服に関する題材において、生徒による実験・議論・発表を通じた育成の様子が示されている。生徒は、適切な洗剤の種類や量の選択、適切な洗剤のパッケージの表示について実験や発表を通して学び、環境へ配慮した「責任ある行動」とは何か、なぜ大切なのかを学んでいた。

ラーニング・コンパスでは、コンパスの周囲に「見通し・行動・振り返り（ＡＡＲ）サイクル」が矢印で描かれている。「見通し・行動・振り返り」は英語ではそれぞれ'Anticipation', 'Action', 'Reflection'となる。コンセプトノートによれば、「学習者が継続的に自らの思考を改善し、集団のウェルビーイング(5)に向かって意図的に、また責任を持って

（４）　第２期は２０１７年までが対象であり、２０１８年からは２０２２年までを対象期間とした第３期が開始されている。第３期では、第２期の３つの理念を継承しつつも、理念の設定は行わず、５つの基本的方針とそれに基づく目標と施策が設定された。
（５）　子どもや社会にとっての「良い」状態。資質・能力、もしくはコンピテンシーを使い、目指すべき目標である。詳細は後述。

行動するための反復的な学習プロセス」であり、学習過程を表現したものである。計画を立て、経験し、振り返りを行うことを繰り返すことでのコンピテンシーの成長を意図した要素になっている。コンピテンシーは、見通し、行動、振り返りの過程の中で活用されるとともに、活用によって成長していく。

図　探究的な学習における生徒の学習の姿
（文部科学省、2008；2017）

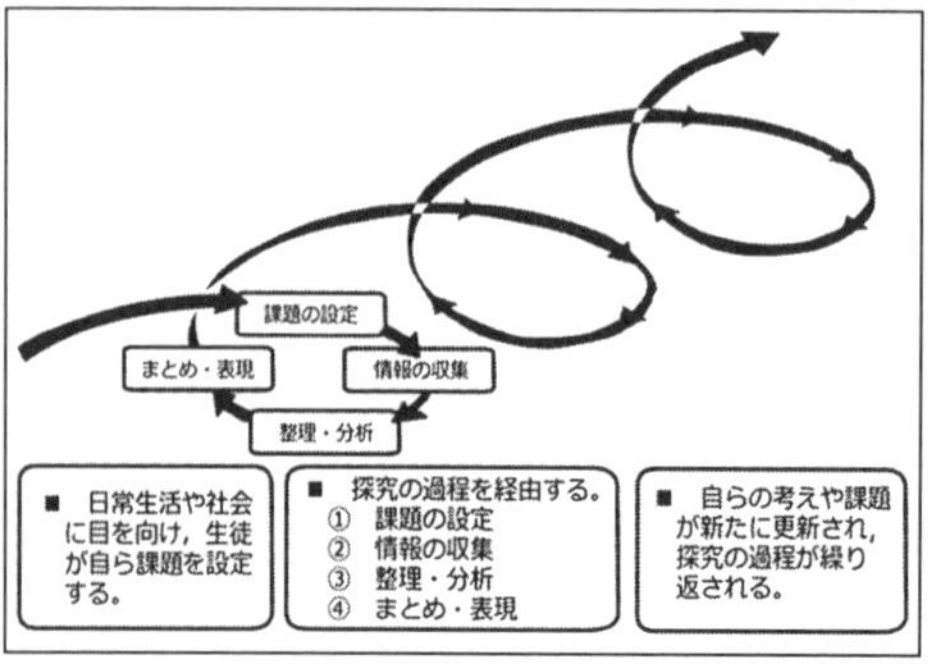

日本の場合は、類似概念として、平成20年の「中学校学習指導要領解説　総合的な学習の時間編」において示された「探究的な学習における生徒の学習の姿」がある（図は平成29年度改訂　中学校学習指導要領解説　総合的な学習の時間編）。図では、探究的な学習において、課題の設定、情報の収集、整理・分析、まとめ・表現という過程が連続していくことで問題解決的な活動が繰り返されている様子が表現されている。ラーニング・コンパスでは教科横断的な学びだけが意図されているわけではなく教科での学びも含まれるという違いがあるものの、学びの姿として非常に近いも

のが想定されていることがうかがえる。

「見通し・行動・振り返り（ＡＡＲ）サイクル」の事例としては、E2030事業のウェブサイトに取り上げられた、東京学芸大学附属世田谷中学校の理科の実践（髙田太樹教諭）や、新潟大学教育学部附属新潟中学校による総合的な学習の時間の実践（上村慎吾教諭（当時））がある（OECD, 2019d）。

前者は、中学校1年生の理解の実験において、「プラスチックの性質を記載した鑑定書を作成する依頼が生徒に来た」という仮定の文脈を設定した。その上で、プラスチックの性質を調査する実験を生徒が行った。実験では、仮説の設定と結果の予想が「見通し」、実験と観察が「行動」、考察が「振り返り」とそれぞれ位置付けている。

一方、後者は、中学校3年生が地元である港町新潟の魅力を生徒が発信するという文脈の中で、探究学習を、校外での調査活動を「行動」、調査結果の分析と方針決定を「振り返り」と「見通し」、決定した内容を市役所の職員へプレゼンすることを「行動」と、それぞれ位置付けている。いずれの事例においても、サイクルを回していく中で、コンピテンシーの活用と成長を確認している。

全体像の一部としてのコンピテンシー

ＯＥＣＤの場合、コンピテンシーをコンパスとして表現している。これは、学習者がコンピテンシーというコンパスを活用し、ウェルビーイングに向かうという比喩的な意味が概念図に与えられているからである。このとき、コンピテンシーはあくまで全体像のうちの一部として扱われていることに注意が必要である。すなわち、ラーニング・コンパスという概念図には、ウェルビーイングのほか、コンピテンシー以外の概念がいくつか同時に描かれ、全体を構成している。それらは、生徒エージェンシー、ウェルビーイング、教育に関わる当事者（仲間、教師、保護者、コミュニティ）である。

コンピテンシーが全体像のうちの一部であるということは、コンピテンシーが文脈の中で捉えられることを意味している。例えば、「学びの中核的な基盤」として読み書き能力を育成する際も、「何のために読むのか、書くのか」（子どもにどのような人生を生きてほしいのか、どのような社会を創っていってほしいのかといったウェルビーイングに関連する）という文脈と共に読み書き能力が育成される、包括的なモデルなのである。

コンピテンシー以外の要素が大きく描かれている点は、日本の資質・能力の枠組み、すなわち３つの柱の概念図と異なっている。コンピテンシー以外の要素を描くということは、コンピテンシー以外の要素が文脈となり、関係性をもって機能することを明示することになる。「コンパスを持った学習者が目的地に向かう」という比喩的な描かれ方であること、さらに、コンピテンシー以外の要素が同時に概念図の中に描かれることで、相互の関係性が明確になり、関連性について議論もしやすくなる。

もちろん、日本の場合も、「学習指導要領改訂の考え方」の概念図の中に、向かうべき方向性として「よりよい社会を創るという目標を共有」、「未来の創り手」という文言があり、「社会と連携・協働しながら」という教育に関わる社会の存在も示されている。学習指導要領（中学校）の総則の中にも、資質・能力を伸ばせるようにすることは「教職員をはじめとする学校関係者はもとより、家庭や地域の人々も含め、様々な立場から生徒や学校に関わる全ての大人に期待される役割である」という文言もあり、教育に関する当事者の存在が述べられている。このように、大きな方向性は日本とOECDは同様であるが、表現の仕方として、概念図に明確にコンピテンシーや資質・能力以外の要素を組み込んでいるかが違いになっている。この違いは、学習指導要領を日常で読み込む機会がそれほどない当事者と教育について議論する際に、議論のしやすさとして影響してくると考えられる。

例えば地域の人や保護者とカリキュラム・マネジメントとして児童・生徒が身につけるべき資質・能力について話し合うとき、図として何を使うのか、全体像をどう示したうえで、議論するのかに関わってくる。新学習指導要領は社会に開かれた教育課程を目指しており、教育に関する当事者と教育目標や方法、評価や成果について対話し、議論することが欠かせない。教育の全体像を説明する際に、教育の目的地として何があるのか（子どもにどのような人生を生きてほしいのか、どのような社会を創っていってほしいのか、子どもも個人と社会のウェルビーイング）といったトピックや、子どもが責任感をもって他者と協力しながら主体的に行動し学んでいるのか（生徒エージェンシー）といったトピックが抜け落ちることのないよう、留意が必要である。

生徒エージェンシー

ここからは、コンセプトノートに描かれた、コンピテンシー以外の要素について紹介する。日本の資質・能力について考えていく際にも欠かせない関連要素となる。

ラーニング・コンパスでは、生徒エージェンシーはコンパスを持ち、目的地に向かって歩く人の姿で描かれている。コンパスはコンピテンシーの比喩であり、目的地はウェルビーイングの比喩である。そのため、子どもがコンピテンシーを使いながら、ウェルビーイングを目指して活動する姿が生徒エージェンシーであるといえる。

コンセプトノートによれば、生徒エージェンシー[6]の定義は、「変革を起こすために目標を設定し、振り返りながら責任ある行動をとる能力」である。目標設定、行動、振り返りは、学習過程としてコンパスに描かれた「見通し・行動・振り返り（ＡＡＲ）サイクル」とほぼ同じものと考えられるが、生徒エージェンシー自体は学習過程ではなく、行動における責任感や、自身や社会をより良いものにしようとする変革と結び付いた、能力を指している。すなわち、自身や社会をより良いものにしようとする変革のために、責任感をもちながら「見通し・行動・振り返り（ＡＡＲ）サイクル」という過程を進めていく力といえる。コンセプトノートでは「働きかけられるというよりも自らが働きかけることであり、型にはめ込まれるというよりも自ら型を作ることであり、また他人の判断や選択に左右されるというよりも責任を持った判断や選択を行うこと」と表現されている。

(6) なお、ここでの「生徒」という言葉は Student の翻訳であり、対象は中等教育の生徒に限定されていない。そのため、幼稚園・保育園の幼児、初等教育の児童、高等教育、生涯教育を含む、すべての学習者を対象としていると解釈できる。

生徒エージェンシーに関わる主要な構成要素としては、アイデンティティー、所属感、モチベーション、希望、自己効力感、そして成長する思考態度（能力や知能は発達可能であるという理解）、目的意識が挙げられている。これらの要素は、生徒に問いかける言葉に言い換えれば、「自分はどのような人間なのか」、「どこが自分の居場所だと感じているのか」、「今後に希望をもっているのか」、「何を求めているのか」、「何ができると思っているのか」、「自分を変化・成長させられると思っているのか」、「何を目指しているのか」、といった問いと関連している。日本の現在の学校教育の中で、これらの問いかけを教師から子どもたちに行うことは少ないかもしれないが、豊かな人生、より良い社会を創っていくために、子どもたちが資質・能力を使い主体的に行動していくためには、子どもたち一人一人が考えていくべき問いである。

日本の場合、生徒エージェンシーに関連した考え方として、教育基本法との関連が指摘されている。E2030事業の中間報告書であるポジションペーパーの文科省による邦訳では、脚注の中で、教育基本法の特に「社会の形成者」に関する部分との関連が指摘されている。(7)ただし、エージェンシーによって目指されるウェルビーイングの範囲は、社会の発展だけでなく、個人にとっての望ましい状態や豊かな人生を含む。そのため、子どもたち個人のウェルビーイングが視野から抜け落ちることのないよう、個人と社会の両面を視野に入れることに留意が必要である。

教育基本法のほかには、新学習指導要領の３つの柱のひとつである「学びに向かう力、人間性等」もエージェンシーと関連が深いと考えられる。「どのように社会・世界と関わり、よりよい人生を送るか」という、学びの向かう先である、社会・世界と直接関わる資質・能力であるためである(8)。

生徒エージェンシーが人の形で概念図の中に描かれたことの良さは、コンピテンシーを

---

(7)「教育基本法第1条では『平和で民主的な国家及び社会の形成者として』必要な資質を備えた国民の育成を期することとしており、また、同法第2条では『公共の精神に基づき、主体的に社会の形成に参画し、その発展に寄与する態度を養う』としているが、これらは、エージェンシー（Agency）の考え方に合致するものである」

(8) ただし、「学びに向かう力」は観点別学習状況評価の観点として「主体的に学習に取り組む態度」が設定され、「粘り強い取組を行おうとする側面」、「自らの学習を調整しようとする側面」という2つの側面から評価することが求められている（中央教育審議会 初等中等教育分科会 教育課程部会、2019)。これらの観点と側面からは「学びに向かう力」が文字通り学習に向かうことに重点をおいていることが読み取れる。学習に向かうことがウェルビーイングに向かうことにつながるよう、学習指導要領においても「何のための学習なのか」、すなわち個人の成長、社会の創造を目的としていることが学習の文脈から抜け落ちないよう留意が必要である。

用い、ウェルビーイングに向かう能力を生徒エージェンシーとしたことで、コンピテンシーとウェルビーイングの結び付きが明確になったことである。日本の場合、資質・能力と、個人の豊かな人生や社会の発展をつなぐ、主体としての人物の姿が、例えば「育成すべき資質・能力の三つの柱」概念図の中には描かれていない。概念図は要素が多いと煩雑になりわかりにくくなる危険性もあるため、長所短所はあるが、主体としての人物像が描かれていないことから、資質・能力と、目指す方向性の議論が別々に乖離しないよう、注意が必要と思われる。

生徒エージェンシーに関連した事例としては、E2030事業のウェブサイトに取り上げられた、中学2年生の国語の授業実践がある（東京学芸大学附属竹早中学校 森顕子教諭（当時））。授業実践が含まれる単元では、古典として「七夕」の物語を題材に、生徒が調べ学習、交流学習、発表学習を進めていく。その過程で、生徒は世界に存在する七夕の物語について知り、共通点や相違点について生徒同士で議論を行った。調べ学習や交流学習の中で、生徒は予期しない発見や知識を得たことが好奇心、より学びたいという気持ちにつながっていった。また、世界と日本の物語の比較から、日本の物語への注目が生まれ、言語文化を守りたい、発展させていきたいという責任感へのつながりも見られた。このような、好奇心と責任感をもち、主体的に社会と文化に関わろうとする姿は、生徒エージェンシーの現れとみることができる[9]。

なお、生徒エージェンシーを育成するために重要な関係性として「共同エージェンシー」（co-agency）がある。共同エージェンシーは、「生徒が、共有された目標に向かって邁進できるように支援する、保護者との、教師との、コミュニティとの、そして生徒同士との、双方向的な互いに支え合う関係」と定義される。コンピテンシーを活用しながら主体的に学習者が行動するためには、周囲との協働関係が重要である。例えば、子どもは、周囲の仲間、教師がどのようにコンピテンシーを使い、いかに主体的に学んでいるのかを、協働関係から学ぶことができる。このとき、子どもだけでなく、教師がいかに主体的に、責任感をもって、普段から見通し・行動・振り返りを行っているかが問われることになる。言い換えれば、教師がエージェンシーをもっているのかも問われるのである。また、共同

（9）エージェンシーについては、生きる力の関連、道徳・特別活動との関連、コンピテンシーとの関連（扇原・柄本・押尾、2020：ウェルビーイングとの関連（扇原・柄本・布施・翁川・松尾、2020）が研究されている。そのほかの研究を含め、次世代教育研究推進機構では、エージェンシーに関する研究や報告を特設サイトでまとめている（東京学芸大学次世代教育研究推進機構、2020）。

エージェンシーの考え方を導入することで、生徒が責任感をもって主体的に行動していくために仲間、教師、保護者、コミュニティの支援と協力が必要であることも強調される。

エージェンシーは、コンピテンシー、ウェルビーイング、共に学ぶ周囲の仲間・教師・保護者・コミュニティという3つをつなげる役割を持っていると考えられる。これは、学習において、「何を目指して学んでいるのか」、「どのような力が必要なのか」「誰と協働して学んでいるのか」が一体的に問われていくことを意味する。日本の学校教育においても、学びが子どもの豊かな人生や社会の発展につながっているか、どのような資質・能力が必要なのか、学びの共同制作者は誰なのかを一体的に学びの中で問うことで、資質・能力の育成に文脈が与えられ、資質・能力の育成が促進していくことと考えられる。

ウェルビーイング

これまで何度も言葉として頻出してきた「ウェルビーイング」は「生徒が幸福で充実した人生を送るために必要な、心理的、認知的、社会的、身体的な働き（functioning）と潜在能力（capabilities）」（OECD, 2017：翻訳 国立教育政策研究所、2017）と定義される。資質・能力、もしくはコンピテンシーを使い、目指すべき目標であり、ラーニング・コンパスの中では、学習者が向かうべき目的地として描かれている。子どもにとって、学習者にとって目指すべきものとは何なのだろうか。

コンセプトノートの中では、ウェルビーイング（p.2、p.4、p.8～p.10参照）は「私たちの望む未来（The Future We Want）」とも表現され、個人と集団の両方のウェルビーイングを視野に入れていること、経済や物質的な豊かさ以上の意味を含んでいることが述べられている。経済や物質的な豊かさ以上の意味という点について、ＯＥＣＤは個人のウェルビーイングとして、「より良い暮らし指標」（OECD Better Life Index）を提案している。資料による文言の違いが多少あるが、11の指標は、「住居」（住環境、かかる費用）、「収入」（収入と経済的豊かさ）、「仕事」（所得、雇用）、「コミュニティ」（社会的なサポートの質）、「教育」（受ける教育とその結果）、「環境」（周囲の環境の質）、「市民参加」（民主主義への関わり）、「健康」（どれくらい健康か）、「幸福感」（どれくらい幸せか）、「個人の安全」（どれくらい安全か）、「ワーク・ライフ・バランス」（仕事と遊びのバランス）として設定されている（扇原・柄本・布施・翁川・松尾、2020）。

ウェルビーイングに関連する指標はＯＥＣＤだけでなく、例えば、国際連合による２０３０年に向けた17の開発目標もその１つである（図「国際連合によるＳＤＧｓ」（国際連合広報センター）は以下のURLを参照のこと。https://www.unic.or.jp/files/sdg_poster_ja.png)。

ＯＥＣＤや国際連合といった大きな組織から提唱される枠組みも重要であるが、一方で、学習を進める主体は子どもたち一人一人である。そのため、社会的に求められるものという視点だけでなく、子どもたち一人一人が実際にどのようなウェルビーイングを求めているのか、何を「良い状態」として捉えているのかといった、子どもからの視点が欠かせない。子どもからの視点の例として、扇原ら（2020b）では、中学生347名に対して調査を行い、「あなたが勉強や授業をがんばることで、あなたにとってどのような良いことやメリットがあると思いますか」と自由記述で尋ねた。得られた記述を分類したところ、生徒は様々な「学びから得られる良さ」を感じていた。

調査に回答してくれた中学生の範囲は限られているため、継続的な検討が今後も必要ではあるが、学習によって達成できるウェルビーイングとして、自己と社会の両面、現在と将来の両面、さらに、学んだことを授業で活用できたりすること自体が生徒にとっての喜びであることなど、興味深い結果が得られた。

資質・能力という枠組みを導入する際には、学ぶことで結局どうなるのか、どのような

表　「中学生の学びからのウェルビーイング」
（扇原ら（2020）を基に作成）

大カテゴリー	中カテゴリー	小カテゴリー
自己への活用	現在への活用	授業への活用
		日常生活への活用
		自己成長への喜び
		学び自体の喜び
		他者からの評価の高まり
	将来への活用	—
社会への活用	—	

「良い」ことがあるのかについて、学習の主体である生徒からの視点、社会が求めるものという視点など、複数の視点からウェルビーイングを捉えることが、個人と社会のウェルビーイングを達成していくために必要である。

日本においても、個人と社会が、資質・教育の枠組みを用いた教育によって何を求めていくのかについて、子どもからの視点など、様々な視点から議論が求められる。ウェルビーイングに関する議論は、日本においても、資質・能力を用いることでどのような人生、社会を目指すのかについて考えることにつながるであろう。

引用文献
ファデル・C／ビアリック・M／トリリング・B（2015）Four-dimensional Education:The Competencies Learners Need to Succeed（邦訳版：岸学（監訳）・関口貴裕・細川太輔（編訳）（2016）21世紀の学習者と教育の4つの次元：知識、スキル、人間性、そしてメタ学習）

育成すべき資質・能力を踏まえた教育目標・内容と評価の在り方に関する検討会（2014）育成すべき資質・能力を踏まえた教育目標・内容と評価の在り方に関する検討会―論点整理―について
https://www.mext.go.jp/component/b_menu/shingi/toushin/__icsFiles/afieldfile/2014/07/22/1346335_02.pdf

国立教育政策研究所（2016）資質・能力［理論編］（国研ライブラリー）

国立教育政策研究所（編集）国立教育政策研究所（2017）ＯＥＣＤ 生徒の学習到達度調査ＰＩＳＡ２０１５年調査 国際結果報告書 生徒のwell-being

国際連合広報センター（年不明）ＳＤＧｓのポスター・ロゴ・アイコン・およびガイドライン（17のアイコン日本語版）
https://www.unic.or.jp/activities/economic_social_development/sustainable_development/2030agenda/sdgs_logo/

教育課程企画特別部会（2015）教育課程企画特別部会 論点整理
https://www.mext.go.jp/component/b_menu/shingi/toushin/__icsFiles/afieldfile/2015/12/11/1361110.pdf

松尾直博・翁川千里・押尾恵吾・柄本健太郎・永田繁雄・林尚示・元笑予・布施梓（2020）日本の学校教育におけるエージェンシー概念について：道徳教育・特別活動を中心に、東京学芸大学紀要・総合教育科学系、71. 111—125.

松尾直博・柄本健太郎・永田繁雄・林尚示（2020）「生きる力」とエージェンシー概念の検討―中央教育審議会の答申や学習指導要領を中心に―、東京学芸大学教育実践研究紀要、16, 147—158.

文部科学省（2008）中学校学習指導要領解説 総合的な学習の時間編
文部科学省（2017a）平成29・30年改訂 学習指導要領
文部科学省（2017b）中学校学習指導要領（平成29年告示）解説 総合的な学習の時間編
奈須正裕（2017）教科の本質を見据えたコンピテンシー・ベイスの授業づくりガイドブック―資質・能力を育成する15の授業プラン―
OECD（2017）PISA 2015 Results（Volume III）Students' well-being, OECD Publishing.
OECD（2018）THE FUTURE OF EDUCATION AND SKILLS Education 2030 Position paper
http://www.oecd.org/education/2030/E2030%20Position%20Paper%20(05.04.2018)pdf（英語）
http://www.oecd.org/education/2030/OECD-Education-2030-Position-Paper_Japanese.pdf（日本語）
OECD（2019a）OECD Future of Education and Skills 2030 Conceptual learning framework：OECD LEARNING COMPASS 2030
https://www.oecd.org/education/2030-project/teaching-and-learning/learning/learning-compass2030/OECD_Learning_Compass_2030_concept_note.pdf（英語）
https://www.oecd.org/education/2030-project/teaching-and-learning/learning/learning-compass2030/OECD_LEARNING_COMPASS_2030_Concept_note_Japanese.pdf（日本語）
OECD（2019b）OECD Future of Education and Skills 2030 Conceptual learning framework Concept note: STUDENT AGENCY FOR 2030
https://www.oecd.org/education/2030-project/teaching-and-learning/learning/student-agency/Student_Agency_for_2030_concept_note.pdf（英語）
https://www.oecd.org/education/2030-project/teaching-and-learning/learning/student-agency/OECD_STUDENT_AGENCY_FOR_2030_Concept_note_Japanese.pdf（日本語）

OECD（2019c）Transformative Competencies
https://www.oecd.org/education/2030-project/teaching-and-learning/learning/transformative-competencies/
OECD（2019d）Anticipation-Action-Reflection（AAR）Cycle
https://www.oecd.org/education/2030-project/teaching-and-learning/learning/aar-cycle/
扇原貴志・柄本健太郎・押尾恵吾（2020）中学生における生徒エージェンシーの関連要因および中学生が重視するウェルビーイングの分野、東京学芸大学紀要・総合教育科学系、71, 669-681.
扇原貴志・柄本健太郎・布施梓・翁川千里・松尾直博（2020）日々の学習を通して得られる中学生のウェルビーイングと生徒エージェンシー、東京学芸大学教育実践研究紀要、16, 159-169.
Schleicher, A.（2005）The Definition and Selection of Key Competencies: Executive Summary
https://www.oecd.org/pisa/35070367.pdf
東京学芸大学次世代教育研究推進機構（2020）「エージェンシー」に関する研究の成果
http://www.u-gakugei.ac.jp/~jisedai/202008seika/
柄本健太郎・松尾直博（2020）生徒と教師の Co-Agency とは―共に学びを創ることの困難さ、必要な力と学校体制―、東京学芸大学教育実践研究紀要、16, 179-187.
中央教育審議会（2016）幼稚園、小学校、中学校、高等学校及び特別支援学校の学習指導要領等の改善及び必要な方策等について（答申）
https://www.mext.go.jp/b_menu/shingi/chukyo/chukyo0/toushin/1380731.htm
中央教育審議会　初等中等教育分科会　教育課程部会（2019）児童生徒の学習評価の在り方について（報告）
https://www.mext.go.jp/component/b_menu/shingi/toushin/__icsFiles/afieldfile/2019/04/17/1415602_1_1_1.pdf

第2章

次世代教育研究推進機構プロジェクトの概要

1　育成すべき資質・能力の定義

本節では、本書で用いる資質・能力の枠組みに含まれる力が、それぞれどのような力であるのか、その定義を説明していく。前章で述べたように、本書における資質・能力の枠組みには、７つの汎用的スキルと８つの態度・価値が含まれている。

汎用的スキル：批判的思考力、問題解決力、協働する力、伝える力、先を見通す力、感性・表現・創造の力、メタ認知力

態度・価値：愛する心、他者に対する受容・共感・敬意、協力しあう心、好奇心・探究心、困難を乗り越える力、向上心、正しくあろうとする心、より良い社会への意識

以下のページでは、それぞれの資質・能力について、その力がどのようなものとして定義されているかを、四角に囲った箇所で示している。

しかし、それぞれの資質・能力は、実は様々な側面から成り立っている。例えば「問題

解決力」には、目標達成を成し遂げる力だけでなく、問題を発見する力や、アイデアを発想したり工夫したりする力なども含まれている。そこで、定義の次に、その資質・能力が、関連するどのような側面から成り立っているかを説明する。

そして最後に、その資質・能力が授業の中において、どのような子どもたちの姿や活動、発言などとして現れるのかについて、具体的な事例と共に紹介する。

なお、次ページから示す資質・能力の定義はすべて、関口貴裕・宮澤芳光（2016）、「育成可能な資質・能力に関する調査」、『「ＯＥＣＤとの共同による次世代対応型指導モデルの研究開発」プロジェクト―平成27年度研究活動報告書―』（pp.17-19.）から引用している。また、具体的な授業事例についてはすべて、東京学芸大学次世代教育研究推進機構が発行した６冊の報告書から引用している。引用が多数に上るため、本節に限り、出典は便宜的に以下のように示すこととする。

例：『文部科学省機能強化経費「日本における次世代対応型教育モデルの研究開発」プロジェクト報告書 Volume4中学校授業分析版「ＯＥＣＤとの共同による次世代対応型指導モデルの研究開発」プロジェクト―平成28年度研究活動報告書―』のうち、100ページからの引用である場合　→　［Vol.4：100］

批判的思考力

種々の情報に対して、その正しさを根拠にもとづき、客観的、論理的に評価したり、他の見方や考え方はないだろうか?などと多様な視点から考えたりする力のことです。

この力の強い人は、他者の意見や本やテレビで紹介された情報、さらには自分自身の考えや解釈などについても、その正しさを、思い込みを排して冷静に評価することができます。省察的、論理的、多面的な思考の力とも言えます。なお、ここでの「批判的」という言葉に「相手を非難する」という意味はありません。


この汎用的スキルには、自分や他者の意見、やり方に対して、「これは本当に正しいのだろうか?」と疑問をもち、その正しさや適切さを考えたり、「違う考え方はできないだろうか?」と別の考えや意見、やり方などを探したり、さらに、本やインターネットなどで調べたことについても、「これは本当に正しいのだろうか?」「根拠は何だろうか?」とその正しさや根拠の適切さについて考えたりするなどの側面が含まれる。

例えば、ドイツが難民を受け入れる状況を理解し、難民受け入れのメリットとデメリットを議論する話合い活動を用いた中学校の社会科の授業では、自分の意見と異なる立場から広く・深く考える生徒の様子が観察された。難民を受け入れることに賛成する立場の生徒は、話し合いの中で「(自分がもし)反対するとしたら何だろう？(どんな理由が考えられるだろう？)」と自分自身に問いかけ、自分とは異なる立場から多面的に考えていた。このような様子から、自分の意見や考えだけに固執せず、多様な立場から広く・深く考えるという「批判的思考力」の発揮があったと見て取れる。

また、感染症対策についてグループディスカッションを行った中学校の保健体育科保健分野の授業でも、バランスの取れた食生活や適度な運動、免疫を高めるためのポジティブ思考など、感染症対策について多面的に議論する場面が観察された。さらに、適度な運動をする大切さを述べた他者の意見によって、「…ちょっとした時間で適度な運動をしたい」[Vol.4：168]と、生徒が他者の意見を受けて自分自身のやり方を見直す様子が見られた。

このように、「批判的思考力」は、自分と異なる立場から物事を考えたり、自分の意見ややり方を他者と比較して見直したりするなどの経験を通して発揮・育成されやすい。また、自分と異なる他者の気持ちを理解したり、自分自身の視野や思考を広げたりするための重要な汎用的スキルとして捉えられる。

問題解決力

明らかにすべきこと、知りたいこと、改善すべきこと、達成したいことなど、自分や自分が属する集団にとっての課題や問題を発見し、その解決や目標達成をなしとげる力のことです。

解決すべきことや知りたいことを見つける課題発見力、どのような問題なのかその構造を把握する力、他者や資料から情報を収集し、必要な情報を選びだして活用する力、課題解決や目標達成のためのアイデアや工夫を発想する力、課題解決や目標達成の道筋を計画する力などがこれに含まれます。

この汎用的スキルには、「調べたいことや、より良くしたいと思うことを自分の力で見つけることができる」、「目標達成の方法や答えをいろいろ考え、その中から一番良い方法を選ぶことができる」のように、課題をどのように発見すればいいのか、情報の収集をどのようにすればいいのか、課題をどのように解決すればいいのかに基づいて考えられることと、あるいは、「どのように調べたり進めたりしたらうまくいくかを自分で考えることができる」のように、アイデアや工夫などをする力の側面が含まれる。

例えば、中学校理科の「化学変化と物質の質量の規則性」という授業の構成は問題解決的な流れとなっており、生徒が問題を見出し、課題を設定し、実験を立案し、実験を行うことを通して結論に至るプロセスを重視した。ある生徒の考察の記述は、「一連の活動を通して、生徒が妥当な結論に到達していることを表しており、汎用的スキルとして『問題解決力』を発揮する場面が随所にあったことが示されたといえる」[Vol.4：113]。理科学習の過程全体を通して、問題の解決や目標達成を成し遂げる「問題解決力」が育成されたと考えられる。

また、中学校特別活動におけるグループごとの話合い活動では、新たな目標設定という課題を話し合って解決するために、ある生徒はグループ内で提案されたラグビー用語に着目し、そこからグループ内の合意形成が図られていった。この場面からは、グループ活動によって「問題解決力」を高めている姿が見られた[Vol.4：258]。

このように、「問題解決力」は課題を発見し、情報を収集した上で、アイデアを出し工夫しながら、課題を解決することに関わる力であり、様々な学習場面で発揮される汎用的スキルだといえる。

協働する力

> 学びを深めたり、目標の達成を行ったりするために、他者と協力する力のことです。単に仲良くするとか一緒に行動するということではありません。
> 話し合いで多様な意見を引き出したり、異なる意見を持つ人と建設的に議論を進めたりすることや、それぞれが自分の能力を発揮して目標達成のための役割を果たしたり、助け合ったりすること、立場や背景、専門が異なる人と共通の目標に向かい、調整しながら行動することなどを意味します。集団での活動を効果的に進めるマネジメントの力もこれに含まれます。

この汎用的スキルには、他者の意見をよく聞いて話し合いをすることができるか、集団での活動をより良く進めていくために自分にできることを考えて行動できるか、困っている他者を手助けしたりすることができるか、といった側面が含まれる。

質量保存の法則を見出させる中学校理科の実験では、グループで話し合いながら結果の考察をまとめていく活動場面があった［Vol.4：112］。そこでは、結果に対する仲間の説明にグループのひとりが疑問を投げかけた。それによって別の生徒が最初の生徒の説明を具体的に補足するような説明を述べ、疑問を投げかけた生徒が「それは一番分かりやすいな」と評価していた。ここでは、仲間の考えに対して意見を述べ、それがまた別の仲間の発言を誘発するというように、グループのメンバーそれぞれが「協働する力」を働かせながら、建設的な議論を行っていた姿が見られた。

また、中学校技術科の授業ではプラスチック加工作業を行う活動があった。加工は生徒それぞれが行うが、加工に必要な機器（アクリルベンダー）は各グループにひとつしか与えられていなかった。授業後のインタビューにおいて生徒は、「進んでいる人からは教えてもらって、遅れている人に対してはこういう風にやるんだよって教えることで、自分ももっと理解が深まる感じはします」と述べ［Vol.4：203］、活動の中で自然発生的に助け合いが生じていたことを示していた。この授業は、生徒それぞれがプラスチック加工の課題を持ちつつ共同活動を行うことで、生徒間に生じた学習進度の違いが、教え合いや助け合いといった「協働する力」の発揮に結び付いたことがわかる事例といえる。

以上の事例から、「協働する力」は単にうまく話し合いをすることに限らず、他者と共に活動する中で物事や状況をより良く前に進めていくために必要な力であると考えられる。

伝える力

自分の考えや主張、調べたことなどを分かりやすく、正しく伝える力のことです。論理的で曖昧さのない表現の力や、図や写真、グラフなどを使って視覚的に伝達する力などが主なものですが、考えたことや理解したことを自分で実感したり、整理したりするための表現力や、感じたことや気持ちを伝える力、他者との双方向的なコミュニケーションの力もこれに含まれます。

この汎用的スキルは、自分が考えたことや意見などをわかりやすく伝えるために工夫できることに加え、ほかの人の考えや意見をきちんと聞くなど、双方向のコミュニケーションが取れるといった側面も含んでいる。

例えば、動物園の必要性について議論する小学校国語科の授業では、ある工夫により、「伝える力」が発揮される場面が観察された［Vol.2：41］。この授業ではまず授業者が、いきなり話し合いをさせるのではなく、根拠、考え、意見と分けて話したりメモしながら聞いたりする時間をとるという工夫を提示した。それによりある児童は、種の保存という根拠から人間が動物を守るべきという考えをもち、そこから動物園は必要という意見ももって根拠、考え、意見を区別しながらわかりやすく相手に伝えることができた。

さらに、ＡＥＤの適切な設置場所を数学的な知見から考える中学校数学科の授業では、自分の考えを伝えるための生徒同士の双方向的なコミュニケーションが見られた[Vol.4：69]。授業後のインタビューにおいて、ある生徒はＡＥＤの設置場所についての考え方が、他の生徒と異なるという状況について感想を述べた。このような場面で当該生徒は「(考えの元となる) 理由が違ったら、自分の意見を伝えて、もしそれを証明するとか、(中略)、それを聞いて自分が納得する時もあるし、やっぱり自分が合ってるんじゃないみたいな、そういう軽いディベートみたいのがちょっとあると思います」と述べていた。さらに、このような「伝える力」の一側面に関して、「相手の意見も聞きながら自分の意見を言うことは大切なことだと思うので、それは役立つと思います」と、この汎用的スキルの重要性を理解する様子が見られた。

このように、自分の意見を相手に伝えるために工夫をすることや、他者とコミュニケーションをとる「伝える力」は授業場面のみならず、様々な場面で子どもたちにとって役に立つ重要な汎用的スキルの１つだといえよう。

先を見通す力

ある行動や出来事、働きかけの結果としてどのようなことが起こるのか、何をどうすればうまくいくのか、何をするとうまくいかないのかなどを予測し、それにもとづき適切な判断をする力です。

そのもとになるものとして、経験したことから法則や決まりを見いだす力も含まれます。リスク（危険性）を認識し、それを回避したり低減したりする上でも大事な力です。


この汎用的スキルには、「こういうやり方をするとうまくいく」、「こういうやり方では失敗する」のように、何をどうすればうまくいくのかを予想し、より良く行動するための予測をすること、また、授業でわからないことがあったときに、今までの経験を思い出し、それに基づいて考えること、あるいは、「こういうことをすると、良くないことになるのではないか」のように、トラブルや危険につながりそうなことに気づくといったリスクの認識や回避・低減を意識することなどの側面が含まれる。

例えば、質量保存の法則を原子のモデルと関連付けて理解することを目標にした中学校理科の授業では、反応前後の質量を調べる実験を行う前に生徒同士が様々な実験方法を考え、その結果を予測し合う様子が見られた［Vol.4：112］。対話する中で推論を行い、「先を見通す力」が発揮されている場面だといえる。

また、感染症を扱った中学校保健体育科保健分野の授業では、一連の学習の後に生徒が食生活や運動を心がけて免疫力を保つ以外にも、アルコールなどの除菌製品の重要性を指摘する場面が見られた［Vol.4：170］。健康を保つ方法だけでなく、除菌製品を利用することの有益性や効果の法則性に気づいた場面であると考えられる。

さらに、ソフトバレーボールを行った中学校保健体育科体育分野の授業では、授業後の生徒の自由記述に「今までは、自分やみんなが勝つことばかり考えていて、身の回りの危険に気づくことができなかったが危険なものに気づけるようになった」というものがあった［Vol.4：187］。ゲームの中でどのようにすれば上手にプレーできるか考えるだけでなく、そこでのリスクに気づき、回避しようとする態度が表れているといえる。

このように、「先を見通す力」は物事を予測し、法則性を見つけ、リスクを回避・低減することに関わる力であり、様々な学習場面で発揮される汎用的スキルだといえる。

感性・表現・創造の力

音楽や造形物、自然物や身体、形や色、音、触感、言葉や記号などから何かを感じ取ったり、それを通じて表現をしたり、美しさや新しい価値を生み出したりする力のことです。

この汎用的スキルには、作品、自然、物、人物など、授業や活動の中で出会う様々な対象について、面白さや奥深さ、良さや美しさなどを感じ取ることができるか、また、感じたことや想像したことなどを基にして自分なりの方法で表現することができるか、あるいは、様々な場面で表現の仕方を工夫したり試行錯誤したりしながら新しいものを生み出すことができるか、などの側面が含まれる。

例えば、民俗芸能の三宅太鼓を用いた小学校音楽科の授業では、音の面白さや良さを感じ取るという場面があった［Vol.2：87］。リズムフレーズを組み合わせて演奏表現を追求する活動において、1つのリズムだけでなく他のリズムも入れたいという児童の希望から、授業者が「地打ち」と呼ばれるリズムを紹介した。それを聞いた児童は「いろんなリズムが合わさって、もっときれいな音色になっているのがいいと思った」と述べ、新しいリズムが加わったことによる音楽の広がりや良さを感じ取っていた様子が見られた。

また、紙コップを切ったり曲げたりして形を変えながら、その過程をカメラでコマ撮りしてアニメーションを作るという小学校図画工作科の授業では、自分なりの表現を追求するという場面が見られた［Vol.5：100］。作製した「コップ星人」を相互鑑賞する活動を通して友達の発想の面白さや表現の工夫を共有した後、授業者は、「次に、他の人がやっていないことを試してみて」と促した。それによって児童は色々な方向から眺めるなどして、「あー、いいこと考えたー」と新たなアイデアを得た様子が観察できた。

さらに、来年度に向けた新たな学級目標を考える中学校の特別活動の授業では、班の話合い活動の中で、ある生徒が「明るく前向きに、受験のときも」という心の中に浮かんだイメージを基に、「（新目標として）ポジティブシンキングはどうですか」と提案していた［Vol.4：259］。ここでは、自分の中で感じ取ったイメージを友達と共有するために言葉として表現する、というスキルが発揮されていると考えられる。

このように、「感性・表現・創造の力」は芸術教科のみに限らず様々な学習や活動場面で発揮され、子どもの豊かな感性や創造性に関わる汎用的スキルであるといえよう。

メタ認知力

今、自分が考えていることや理解の程度、感じていることなどを自分自身で感じ取り、それに応じて思考や学び、行動などをより良い方向にコントロールする力のことです。

こうしたメタ認知の活動（感じ取ることとコントロールすること）をうまく行うためには、「自分は何をよく知っているのか、何が苦手か」「自分はどんな風に考えがちか」「どうすればよく覚えられるのか」「分からない時にはどうしたらよいか」など、自分自身や人間一般の思考、記憶、理解、知識、そして学びなどの性質について正しく知っていることも大事です。自己省察、自己評価、振り返りなども近い概念です。

この汎用的スキルには、学びや活動の途中、またはそれが終わった後で、何がわかって、何がわからなかったか、どれくらいうまくやれているかなど、自分の理解の程度や達成度を自分自身で感じ取ることができるモニタリングの側面が含まれる。加えて、学びや活動の中で、わからなかったり、うまくできないことがあった場合に、教科書を見直したり、その理由を考えたり、違うやり方を試したりなど、良くわかるための工夫や、良くできるための工夫をすることができる遂行・振り返りの側面も含まれる。

　メタ認知力は、ポートフォリオや自己評価シートを用いて、自分が考えていることや理解の程度を自分自身で感じ取り、それに応じて、思考をより良い方向に修正する過程で育成可能であると考えられる［Vol.5：197］。例えば、小学校の総合的な学習では、「活動状況を反省的に振り返ったり、活動そのものへの意欲を確認したりして、問題状況を明確にし、それを解決しようとする」［Vol.1：30］。中学校の体育の授業では、生徒は、バレーボールの対戦を撮影した動画等を振り返り、作戦が成功したかどうか把握したり、互いに助言したりすることで、自分たちがどのような動きをしているか把握し、次はどのようなことを意識すればいいか考える様子がうかがえた［Vol.4：194］。

　また、自分の技能に対する把握を適切にモニタリングすることで、チームへの貢献の仕方（協働する力）を考える契機となり、チームメイトに対する責任感（協力しあう心）を高めることにもつながることが考えられる［Vol.4：189］。

「メタ認知力」は自身を客観的に振り返り、行動を修正するスキルであり、特定の教科や科目に関わらず様々な場面において重要であることに留まらず、他の汎用的スキルや態度・価値にも影響を与えることが示唆される。

愛する心

生き物や自然、国や郷土、伝統や文化、家族や友人、そして自分自身について、愛情や尊重する気持ちを持ち、大切にしようと思う心のことです。

この価値・態度には、自分自身や自分を取り巻く環境すべてに対して愛情や尊敬の気持ちをもつことが含まれている。自分を取り巻く環境とは、生き物や自然等をはじめ、関わりのある人々、さらには現代の私たちの生活を作り上げてきた伝統や文化等、あらゆるものを指し、これらのものや自分自身を大切にしようと思う気持ちが「愛する心」である。

例えば、文化的行事として定着している七夕に文学の視点からアプローチして伝統や文化についての理解を深める中学校国語科の授業では、生徒が学習を振り返る中で「今に至る行事を大切にしたいとも思った」や「（学習をしたことによって）昔からある伝説や物語などに興味をもち、またそれを調べて伝えていくことが大切だと感じました」という感想が見られた。生徒は学習によって過去と現在のつながりに興味をもち、伝説が受容された素地や古典の価値を実感したと捉えられる［Vol.4：40-43］。

また、自分が正しいと思うことに自信をもって行動することの大切さについて考えを深める小学校道徳科の授業では、授業中に児童より、「子どもたちが一生懸命、育てた、（中略）鳥を殺しちゃいけないっていう勇気が出た」との発言があった。善を喜び、悪を憎む性向や感情の中にも生き物や周囲の人を大切にしようという思いが育まれていると読み取れる［Vol.2：137］。この授業では、児童同士あるいは授業者との対話を通して考えを深めており、「愛する心」の育成には、他者との話し合いにより自分の考えを構築する機会をもつことも必要であるといえる。

なお、理科では「愛する心」の育成そのものが教科の目標となっており、単元によっては、自然への関心という観点で、短期間で育成できる授業もあるが［Vol.4：102］、長期的な視点で育成を目指すことも重要となる［Vol.2：79］。小学校道徳科の授業でも、生き物や自然について、愛情や尊敬する気持ち、大切に思う心を育てていく教材があるが、「愛する心」は主題の全体に対する位置付けとなる価値・態度と捉えられている［Vol.5：185］。

このように「愛する心」は、あらゆるものに関心をもち、大切にしようと思う気持ちによって育まれる価値・態度であり、学習内容によっては長期的に育成することが望まれる。

他者に対する受容・共感・敬意

人それぞれが多様な考えや意見、価値観を持つことを理解し、それが自分と異なる人も受け入れる態度や、相手の気持ち（喜びや感動、悩み、苦労など）に共感したり、敬意や感謝の心を持ったりすることです。異なる文化の人々や自分と年齢が離れた人々への受容、共感、敬意も含みます。

この態度・価値には、他の人の意見や考えが自分と異なっていたとしてもそれを否定せず、「そういう考え方もある」として受け入れようとしたり、他の人の気持ちを理解し、何かしてあげようとしたりする態度などの側面が含まれる。

例えば、難民を受け入れることのメリットとデメリットについて議論する中学校の社会科授業では、話合い活動の中で、「難民を受け入れなかったら、難民の人権を奪うことになる」というメンバーの発言に対し、「確かに、その通りだよね」と生徒が意見を受け止めている様子が見られた。また、授業後の生徒インタビューでも、「もっと難しく考えていたので、単純に難民がかわいそうだからという意見がでて、それはあまり考えていなかったので、だけど確かにその通りだなあと、共感しました」と述べ、生徒が授業の話合い活動を通して自分にはなかった他者の意見に納得する様子が見て取れた［Vol.4：54］。さらに、話し合いをうまく進めていくためには、「お互いの意見をちゃんと聞いて、確かにそうだねって納得したりすること」が大切であると発言した［Vol.4：54］。

また、感染症対策についてグループディスカッションを行った中学校の保健体育科保健分野の授業後インタビューにおいても、「今回友達が適度な運動をすることが大切って言ってくれたので、確かに僕もそうだなあと共感しました」と発言し、生徒が話合い活動で他者の意見に共感する様子が観察された［Vol.4：168］。

さらに、ソフトバレーボールを行った中学校の保健体育科体育分野の授業では、生徒インタビューにおいて、「…すごい、何でもこれはこうしたほうがいいよって感じで、何でも話せるようになって…」という発言があり［Vol.4：190］、チームミーティングにおいて積極的に発言するようになったメンバーに対して感心や敬意を示す様子が見て取れた。

このように、「他者に対する受容・共感・敬意」は、他者との話し合いの中で発揮・活用されやすく、同時に、他者と円滑なコミュニケーションやチームワークを進めていくために必要な力であるといえよう。

協力しあう心

集団の中で積極的に他者と協力したり、関わりを持ったりする態度や、集団において自らの役割を果たそうとする責任感、集団を目標達成に方向づけたり、まとまりを維持したりするリーダーシップなどのことです。

この態度・価値は、「積極的にみんなと協力したり、意見を交わしたりしたいと思う」、「自分がすべきことや自分にできることを、責任をもってやり遂げようと思う」、「みんなが楽しい雰囲気で、目標達成にむけてがんばることができるよう、自分から働きかけていこうと思う」などがあり、集団内の協力・関わり、責任感、集団の方向付けなどの側面が含まれる。

例えば、中学校保健体育科体育分野のソフトバレーボールの授業では、授業後の生徒の自由記述の回答分析から、「協力しあう心」のすべての項目において、8割以上の生徒が成長を実感していることがわかる。一方で、「前よりも、できなくなった」「前よりも、少しできなくなった」と答えた生徒は見られない。したがって、本単元は「協力しあう心」

の育成に大きく寄与していたと考えられる。自由記述においても、メンバーと協力し合うことの「必要性を感じとることができた」といった記述や、自分の役割を理解することで責任感をもつようになったという記述が確認される［Vol.4：188］。こうした自由記述から、集団内の協力・関わりと責任感の高まりが読み取れる。

また、小学校特別活動では、グループでの話し合いを行うために、協力しあう心を発揮しながら、各児童は自分の考えについて伝える力を活用している。そのような話合い活動が円滑に進むように、司会役がいたり、発言の順序を守ったりするなど、各児童が協働する力を発揮している場面だと考えられる［Vol.5：205］。中学校特別活動も同じく、グループ内の交流では、生徒がもつ知識を問題解決のために有効に活用し、「目標の再構築という目的に向かって心を合わせようと努力しているため、『協力しあう心』の育成が見られる場面」である［Vol.4：259］。授業を通して、「協力しあう心」という態度・価値が育まれていることを示すものだと考えられる。

このように、「協力しあう心」は、集団内でお互いに協力し関わりながら、責任感をもち、集団を同じ方向に向かうことを表す態度・価値であり、学校生活や社会生活を営む上で重要な態度のひとつだといえる。

好奇心・探究心

知らないことを詳しく知りたいと思う気持ち、身の回りのささいな出来事にも興味・関心を持つ態度、知りたいことや解決したいことを見つけようとする姿勢、なぜだろう？　どうなっているのだろう？　何が正しいのだろう？などの疑問に合理的な答えを得たいと思う心などのことです。

この態度・価値には、知らなかったことを知ったり、仕組みがわかったりすると面白く感じるといった興味や関心をもつ姿勢や、知らなかったこと、よくわからないことが出てくると、もっと詳しく知りたいと思う探究心、さらには、「なぜだろう？」「どうなっているのだろう？」のように疑問やわからないことがあると、その答えを明らかにしたいと合理的に考える姿勢などが含まれる。

例えば、紙コップを変形させる過程を撮影し、その映像作品を友人と鑑賞し合う小学校図画工作科の授業では、自分では考え付かなかった発想に出会い、そのことが児童の興味・関心を引き出している場面が見られた。この授業では、友達が自分の行った工夫を紹介し、それにたいして児童が「おー、すげー」と感心している様子が見られた。このように興味・関心を見せた児童の反応に対し、授業者が「もっとやってみたいよね」「他の人がやっていないことを試してみよう」と声かけをすることで、より高いレベルの表現の工夫を目指そうとする姿勢が見て取れた［Vol.5：100］。

さらに、EUの難民受け入れ問題に対する議論を課題とした、中学校社会科の授業では、「（賛否の）違う立場であっても、そういうEUという一つの共通点があることが、とても興味深かった」と、異なる立場でもEUに与える影響を考えているという共通点に気づくことで、難民受け入れ問題についての探究心を高めている様子が見られた。また、「難民は助けてあげるべきだと思うけれど、難民の人たちが自分たちに利益をくれることは少ないと思いました。そのため何百万という単位で受け入れると自分の国が貧しくなったりするのではないかと思いました」と賛成派への理解を示しつつ、合理的に考えようとする姿勢も観察された［Vol.6：49］。

このように、「好奇心・探究心」は、子どものもっと知りたいという気持ちや、疑問に対して、何が正しいのだろうと合理的に考える姿勢に係る態度・価値だといえる。

困難を乗り越える力

大変なことでも粘り強く取り組んで最後までやり遂げる姿勢や、間違えや失敗にも意欲を失わず、そこから学んで再挑戦する態度などのことです。

この態度・価値には、難しかったり、大変だったりする問題や課題、作業などに取り組む時に、がんばって最後までやり遂げたいと思う粘り強さが含まれる。また、失敗したり、うまくいかなかったりすることがあっても、それを参考にして、もう一度挑戦する態度も、困難を乗り越える力に含まれる。

「困難を乗り越える力」は、「協力しあう心」や「協働する力」といった他者と協調すること、あるいは課題の解決に向き合うことによって育成されていくことが示唆されている。

例えば小学校音楽科の授業では、三宅太鼓のリズムで自分たちの音楽を演奏するという課題に取り組んだ際、児童たちは演奏の仕方についてグループで相互にアドバイスしながら協力し合うなどの活動を通じて、「まだまだできないときがあって、それをなくしてから、どんどん上達していって漏れがないように勉強していきたい」と発表に向けて最後までやり抜く姿勢が見て取れた［Vol.2：88］。授業者も「できないところから、なんべんも叩き込んでいきながらできるようになっていく。それがただできるではなくて、できたあとに友達とも息が合ってさらに気持ち良くなっていったり、さらに一つの作品なんかを叩きバーッとみんなで最後ピチッと合うとその中に自分がいることが、すごく大きな勇気につながる」と、児童たちの「困難を乗り越える力」を感じ取る様子が見られた。

中学校技術科の授業においても、アクリル樹脂を曲げ加工する活動の中で、生徒同士が協働し合い、既存の学習した知識や技能を活用しながら、粘り強く作業に取り組む様子が観察されたり、「苦戦した作業があっても諦めずにやりとげることができた」や「一つ一つの作業をやり遂げる責任を持てたと思う」と自身の粘り強さの変化を感じ取る生徒が観察されたりした［Vol.4：211］。また、中には「失敗してしまったことに関して工夫して直すことでその失敗を失敗でなくすることができた」と、失敗したとしても諦めず、自身の失敗の経験を参考にもう一度工夫することで、意欲を失わず失敗に再挑戦していく楽しさや粘り強さを示す生徒も見られた［Vol.4：212］。

このように、「困難を乗り越える力」は様々な教科等における粘り強さや忍耐強さに関わる態度・価値であるといえよう。

向上心

より高いものを目指して、自ら決めた目標に向けて努力したり、一人の人間としてより良い生き方や自分らしさを求めようとしたりする態度などのことです。

この態度・価値には、学習や活動の中で、現状に満足せず、より高い成果や成績をあげられるよう努力したり、工夫をしたりしたいと思うこと、また、もっと自分を成長させたいと思ったり、自分の長所を生かしてもっと活躍したい、あるいは自分のやりたい目標に向かって近づこうとする、などの側面が含まれる。

例えば、三宅太鼓を演奏する小学校音楽科の授業では、児童たちが何度も繰り返し練習を行う場面がある。太鼓を叩く際の体の動かし方やリズムに着目しながらグループごとに練習し、場合によってはタブレット端末でお互いを撮影して課題を話し合いながら行った。演奏する上での課題をグループで考えたり相互にアドバイスをしたりしながらより良い演奏をしようとする姿勢は、「向上心」によって支えられているといえる［Vol.2：88-89］。

さらに、中学校音楽科のアルトリコーダーを用いて課題曲をアレンジ演奏する授業では、アレンジをより良いものにしたいという姿勢を生徒の発言から読み取れた［Vol.4：126］。より高いものを目指したいという姿勢は、学習の動機づけになっていると考えられる。

また、みそ汁を作る小学校家庭科の授業では、みそとだしをとるための煮干しの量をどのように調整したらおいしいみそ汁を作ることができるかについて、二度の実習を行っている。児童は試食を通して、だしには「うま味」があり、「うま味」を引き出すためには塩分が重要であることを理解していく。事後の児童へのインタビューより、みそ汁に関する知識・技能を習得し、おいしいみそ汁を作れるようになったという自信によって学校で学習したことを家でもやってみたいという意欲が生まれたことがわかる［Vol.2：112-113］。

さらに、精神的な側面における自立について考える中学校道徳科の授業では、主人公の学校生活を例にして、各生徒が自主的・主体的な判断をし、その結果に責任をもつことの大切さを理解している。授業の中で、「（苦手なことに取り組むことは）苦手を克服するチャンス」という趣旨の発言があり、学校生活の中にもより良い生き方を求めようとする場面があることが示された［Vol.4：239-240・248］。

このように「向上心」は、学校生活のあらゆる場面と関わっており、特に知識・技能の習得に伴って高まる可能性のある態度・価値であるといえる。

正しくあろうとする心

ルールを守ろうとする心、道徳的に正しくあろうとする心、欲望や感情に流されない自制心、公平・公正であろうとする心、悪いことを憎む心などのことです。

この態度・価値には、決められたことや指示を守り、不正はしないようにしようと思うルールを守る態度、また、自分勝手なふるまいはしないようにしようと思う自制心、さらには、正しいことを適切に判断していこうと思う公平さや公正さへの意識などの側面が含まれる。

例えば、ソフトバレーボールを行った中学校保健体育科体育分野の授業では、授業後の生徒の自由記述に「相手のチームの人がずるいことをして、それを何も言わずにやりすごしているのを見て気分を害したので、自分はやらないようにしようと思えた」というものや、「わがままで自分勝手なふるまいをしないようにしよう、と思えた」というものがあった［Vol.4：189］。前者の記述は、ルールを守ろうとする態度が表れており、後者は、自制心が表れた記述だと考えられる。

　また、タッチハンドボールを行った小学校保健体育科体育分野の授業では、ある児童は授業前の自由記述で「『楽しむけどふざけない』をいしきして練習や試合にとりくむこと」と述べている［Vol.5：149］。活動前からルールを守ることを意識している様子が読み取れる。別の児童は、授業後の自由記述で「正々堂々たたかいたいなとよりいっそう思ったこと」と述べている［Vol.5：148］。授業を通して正しいことを、きちんと判断できるようにしていこうと思う公平さ・公正さが育まれていることを示すものだと考えられる。

　さらに、自主的・自立的な判断をし、その結果に責任をもつことの大切さについて理解を深めることを目標とした中学校道徳の授業では、教材の物語を聞いた後に、ある生徒は主人公だけでなく、別の登場人物も納得できることを判断基準にした解決案を提案している［Vol.4：239］。自制心とともに公平さ・公正さを意識していることの現れだといえる。

　このように、「正しくあろうとする心」は、規律や決まりを守ることを心がける態度であるだけでなく、自制心や公平さ・公正さを表す態度・価値であり、学校生活や社会生活を営む上で重要な資質・能力の１つだといえる。

より良い社会への意識

人々の生活や社会の仕組みを見直し、より良いものにしようとする意識や、そのために社会と積極的に関わり、大切なことや良いこと、必要なことを実践しようとする態度などのことです。

この態度・価値には、授業等の活動において学習したり考えたりする中で、人々の暮らしを変え、社会をより良くしたいと思う態度や、身の回りや学校、クラス、授業などをより良くするために新しいやり方や取り組みなどを提案する、または自分からどんどん実践していこうとする態度などの側面が含まれる。

例えば、自分が周りのためにできることをしたいという意欲は、この態度・価値の1つの現れとして捉えることができるだろう。小学校の保健分野授業で、AEDのトレーニングキットを用いて心肺蘇生を実習した児童は、授業後のインタビューにおいて、「(子どもなど)どうやったら力がなくてもできるのか考えていた」、「もしも目の前で人が倒れたら、落ち着いて勇気を持ってやっていきたい」と発言していた[Vol.5：119-124]。ここからは、授業で学んだことを使って人を助けることに貢献したいという意識の芽生えが見て取れる。

学校での学びを社会のために生かしていこうとする態度や意識は、中学校数学科の授業においても認められた［Vol.4：81］。適切な間隔でＡＥＤが設置されているかを地図上で確認する方法を議論し、住人の年齢構成などのデータを読み解いて増設するべき箇所を検討した授業後、生徒は「数学は社会に使えるはずのものなのに、知識だけしか学んでいないっていう感じだったけれど、（今回の授業のように）社会に結び付けてやるっていうことがいいんじゃないかと思う」と述べていた。ここからは、授業において社会的な問題を取り上げることの意義を実感し、社会とつながる学びを意識している姿が見て取れた。

ところで、「より良い社会への意識」が志向する「社会」は、子どもたちの発達段階や実態に応じて様々なレベルや集団が相当すると考えられる。例えば小学校特別活動の授業では、子どもにとっての身近な社会に対する意識の高まりが見られた［Vol.5：206］。3学期の学級目標をクラス全体で話し合っている6年生の活動場面において、児童が「私たちって高学年で、クラスのことだけじゃなくて、全校のこともちゃんと感じ取らなきゃいけないから」と発言していた。ここには、自分たちの学級を超え、学校全体が良くなることについての意識が現れているといえるだろう。

2 研究方法

本プロジェクトの基本的な考え方

次世代教育研究推進機構プロジェクトでは、学校の授業や学習活動において子どもたちが資質・能力を発揮したり活用したりする姿や場面を見取ることを通して、資質・能力を育成するプロセスや教師が用いる有効な手立てとは何かを明らかにしようとしてきた。

これらを検討するに当たって、本プロジェクトの前提とした考え方がある。それは、知識や汎用的スキルおよび態度・価値は、すべての教科等が協働して育成できるという考えである。この前提は、小・中学校のすべての教科等がいずれかの資質・能力が育成できるとみなされているという、小・中学校の教員に対して行ったアンケート調査の結果からも裏付けられている（関口貴裕、2017）［Vol.2：18-25］。

この前提に基づき、実際に、7つの汎用的スキルと8つの態度・価値がどのように子どもたちの力として現れるかについて、具体的な授業実践の分析を通して検討していくことにした。

分析方法および用いたデータ

授業分析に当たっては、児童・生徒の資質・能力の発揮場面に着目し、特に、知識や汎用的スキルおよび態度・価値の相互作用が、何によって生じたのかを中心に検討した。

授業実践とは教師、児童・生徒、教材などが生み出す、多様な関係性の集合体である。そのような多層的な関係性を内包した授業において、資質・能力の発露を掬い取るには、マクロな授業活動全体の様子を観察するだけでは不十分である。資質・能力は、独り言のような子どもの発言や友達とのなにげないやり取りの中で、あるいはまた活動の振り返りを通して立ち現れる可能性がある。さらに、どのように資質・能力の発揮が誘発されたのかについて検討することも重要であろう。それは教師の発問や働きかけ、あるいは授業計画によるものであったり、または子ども同士の相互作用であったりするかもしれない。いずれにしても、資質・能力の育成や活用の実相を検討するためには、クラス全体の様子のみならず、小グループや個人など、よりミクロなレベルでの観察が不可欠である。

そこで本プロジェクトでは、次に示すように、できる限り多様なデータを効果測定に用い、複数の視点から多角的に授業における資質・能力育成の様相を分析した。また、分析は機構委員の大学教員、機構所属の教員および研究員、授業者が共同で実施した。

（ア）**学習指導案**：授業の参与観察および映像収録に先立ち、当該単元および本時授業においてどのような資質・能力の育成が可能であるのか、また、どのような教師の授業づくりの意図などがあったのかを把握するために用いた。なお、すべての分析対象授業において、授業者と当該教科を専門とする大学教員とが協働して作成に当たった。

（イ）**質問紙調査**：7つの汎用的スキルと8つの態度・価値の育成状況を測定するために用いた。単元の開始前（普段の授業活動等における様子はどうか）、本時授業後（本時授業の活動における様子はどうだったか）、単元の終了後（単元開始前と比較してどう変化したか）のそれぞれの時点において、当該単元で対象とする資質・能力について、児童・生徒に自己評価してもらった。

（ウ）**授業映像**：授業の流れおよび資質・能力の育成過程を把握し、クラス全体および抽出児童・生徒の様子や傾向を把握するために用いた。クラス全体の様子だけではなく、教師の働きかけや子ども同士のやり取りなども重要な手掛かりとなることが想定されたため、授業全景を収録した映像、授業中の教師にフォーカスした映像、授業中の抽出児童・生徒にフォーカスした映像、という3視点から記録した。また、収録した映像から教師や児童・生徒の発話トランスクリプトを作成し、分析に用いた。なお、抽出児童・生徒の選定は、児童・生徒の普段の授業への取り組みの様子などを参考に、授業者が行った。

（エ）ノートやプリントの記録：抽出児童・生徒の授業活動における様子や傾向を把握するために用いた。

（オ）抽出児童・生徒インタビュー：授業活動における資質・能力の現れや育成の様子を把握するため、本時授業実施後に、抽出児童・生徒に授業活動の振り返りをしてもらった。具体的には、授業においてどのような活動をしたか、それはうまくいったと思うか、その理由はなぜだと思うか、などについて質問した。なお、インタビュアーは当該教科を専門とする大学教員が務めた。

（カ）授業者インタビュー：授業活動における資質・能力の現れや育成の様子を把握するため、本時授業実施後に、授業者に授業活動の振り返りをしてもらった。具体的には、授業づくりの意図と工夫、授業において育成可能と考える資質・能力とその育成の手段、評価方法とその結果、育成に当たって課題と感じていること、などについて質問した。なお、インタビュアーは当該教科を専門とする大学教員が務めた。

（キ）大学教員インタビュー：知識、汎用的スキル、態度・価値との関係や、相互作用による学びの様相などについて解説してもらい、教科間の比較のための資料として用いた。

3　資質・能力を育成するプロセス

はじめに

本章では、育成すべき資質・能力とは何かについて述べてきた。各教科等の学習指導案を基にした「批判的思考力」の分析からは、同じ「批判的思考力」であっても多様な側面があること、異なる教科等が共通する側面をもつこと、また資質・能力を軸として各教科等の指導や活動に繋がりがあることがわかってきた。この点は、学校教育活動全体で資質・能力を育成するカリキュラム・マネジメントを考える上で重要な視点となる。

本項では、育成可能な資質・能力が授業活動においてどのように育成されるのか、「批判的思考力」の2つの側面を例に示すとともに、資質・能力を軸としたカリキュラム・マネジメントのあり方について述べることとする。

批判的思考力（正誤・適切性）を育成するプロセス

より正しくなる、より高まる、より適切になるという方向に働く批判的思考では、何かしらのある方向に良いとされるもの、正しいものがあり、それに向かって批判的に検討す

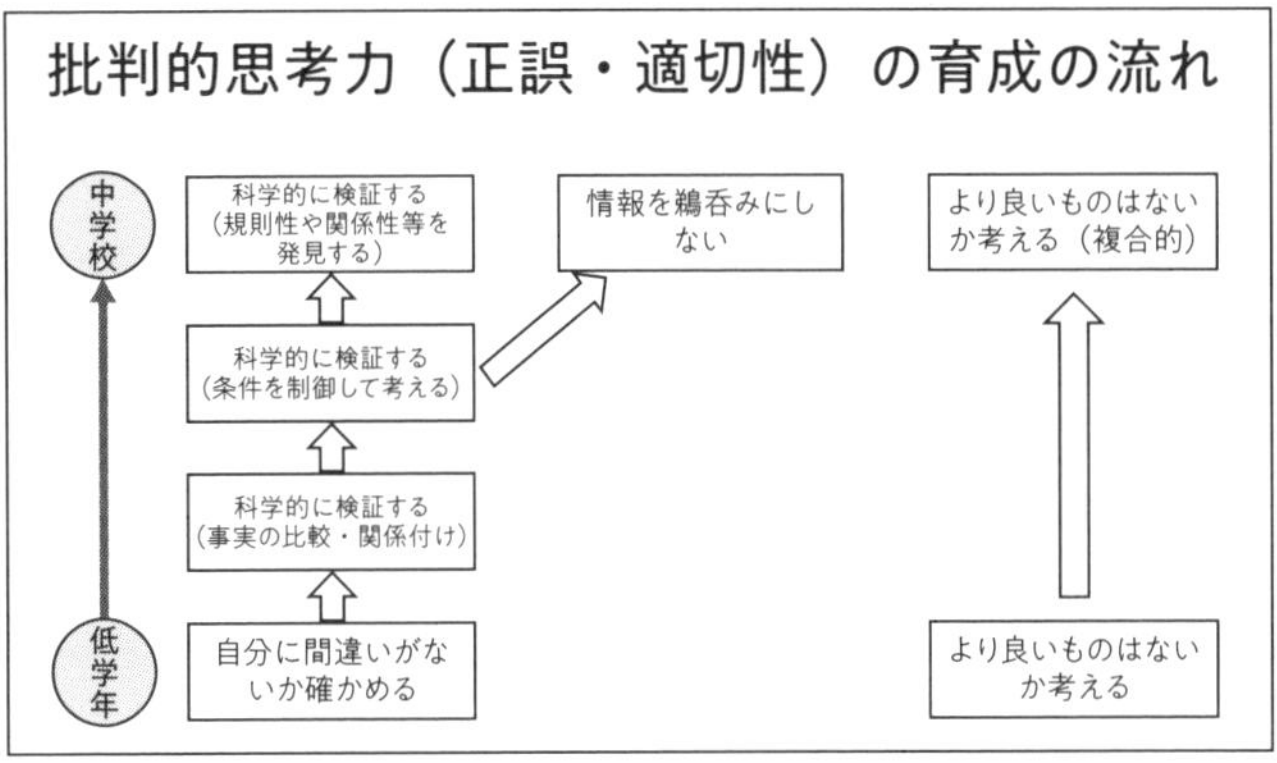

ることで、「批判的思考力」が育成されることになる。具体的には植物の発芽の条件はなにか、三角形の面積の出し方をより簡単に出すにはどうしたらよいのか、相手により伝わる文書を書くにはどうしたらよいのかなどがそれに当たる。

批判的思考の繋がりで考えると、低学年では、自分が書いた文章に文法上の間違いがないかを確かめるなど、「自分に間違いがないか確認する」ことから始まる。中学年になると、正しいかどうかの対象が自分から自然に変わり、「科学的に検証する」が始まる。「事実を比較・関連付け等して考える」から、理科でインゲン豆の発芽の条件を調べるなどの「条件を制御して考える」を経て、「規則性・関係性等の発見」へとつながる。「条件を制御して考える」ようになると、どこまでが事実といえるかどうかを考えられるようになり、「情報を鵜呑みにしな

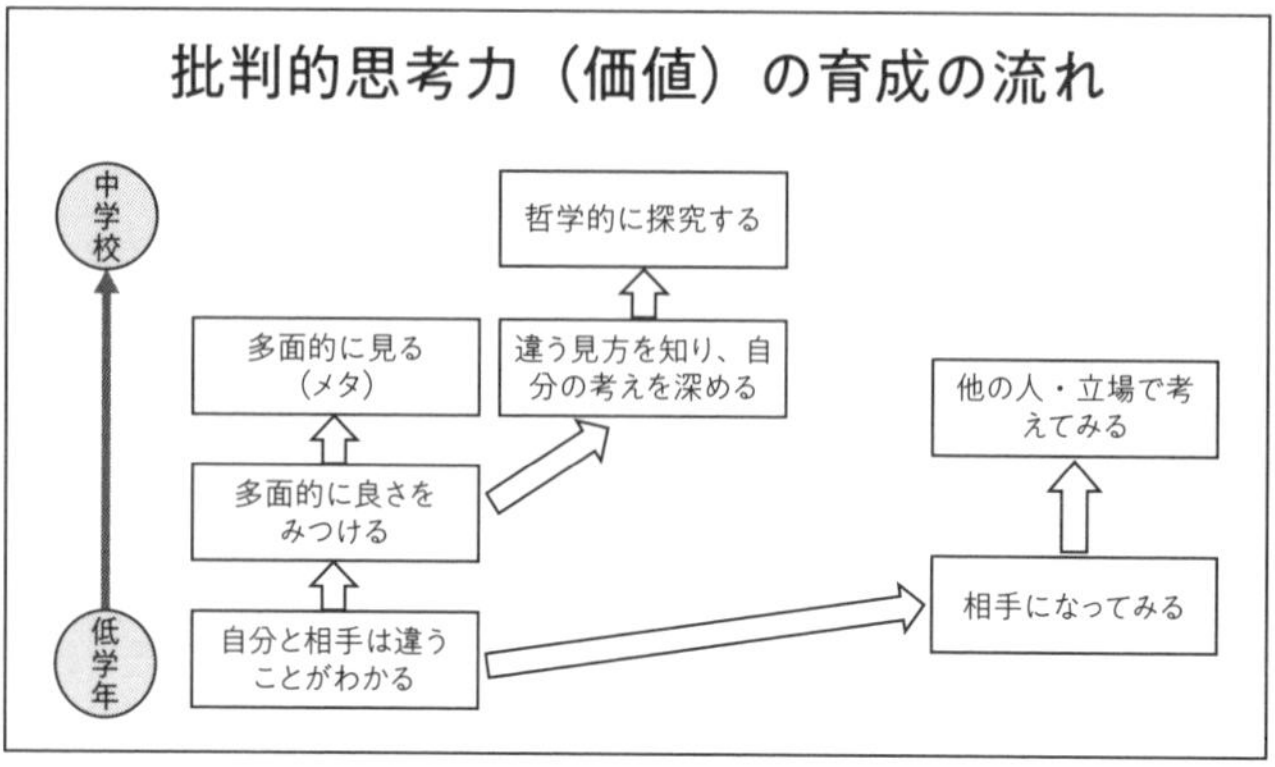

い」につながる。

またもう一方では、「より良いものはないか考える」が低学年から中学校まで継続して検討されることになる。低学年ではより簡単な計算の方法などを考え、中学校では音楽科でボディー・パーカッションを行う際のリズムや叩く場所などを検討することなどがある。学年が上がるにつれて、複合的な規準でより良いものを考えるようになり、複雑化する中で、「批判的思考力」は育まれていく。

批判的思考力（価値）を育成するプロセス

良い方向があるというよりも多面的にものごとを捉えようという方向に働く批判的思考では、それぞれの良さや解釈を見つける過程で、他の見方はないかと考えを広げ、批判的に検討することで、「批判的思考力」が育成されることになる。具体的には難民問題で他の見方はないか、友情とはどのようなものか、芸術作品の良さとなにか、などがそれに当たる。

批判的思考の繋がりで考えると、低学年では、「自分と相手は違うことがわかる」ことから始まる。中学年になると、「多面的に良さを認めたり」、目の前の「相手になって考えてみたり」することに繋がる。

多面的に良さを見つけられるようになると、次はメリットだけではなく、デメリットも含めて「俯瞰的（メタ的）に考えられる」ようになる。俯瞰的に考えられるだけではなく、「自分の考えを違う見方から深める」こともできるようにもなる。それが更に高まっていくと、抽象的な1つのことについて考えを深める「哲学的な探究」に繋がっていく。

またもう一方では、「相手になってみる」ことも批判的思考の重要な点である。目の前の相手になってみて考えてみることから、歴史上の人物や違う国の人など、自分とは時間的、地理的、思想的に離れた人の立場で考えてみることもできるようになる。「批判的思考力」はこれらの過程を通して、育成されるものと考えている。

批判的思考力を育成するカリキュラム・マネジメントの例（1年間・6年生）

資質・能力を育成するプロセスを検討する中で、指導や活動に繋がりをもたせながら、学校教育活動全体で資質・能力を育成する、カリキュラム・マネジメントの可能性が見えてきた。ここでは、6年生を例として、1年間のカリキュラム・マネジメントを考えてみたい。

1年間のカリキュラム・マネジメントの工夫として、批判的思考を関連して指導できることが挙げられる。批判的思考力（正誤）では、例えば算数と体育を関連させて、「より簡単に計算できる方法を考えたね。その考え方を生かして体育のバレーボールでも簡単にアタックを打てる方法を考えてみよう」のような指導が考えられる。また批判的思考力（価値）では、国語と社会を関連させて、「社会で原発についていろいろな意見をもっていた人がいたことを学んだよね。国語の説明文でもいろんな意見をもつ人がいるので、どんな意見が出るか考えてみよう」と指導することが考えられる。

このように他教科であっても、似た批判的思考を育てている学習を関連付けて指導することができる。関連する単元や題材を結び付けて指導することが考えられる。

教科等をつなげて指導するメリット

教科等をつなげて指導するメリットとしては、3つのことが考えられる。

はじめに教科等をつなげて指導することで、効果的に指導できることである。具体的にはそれぞれの教科等で育成している学習を学習履歴として教師は自覚し、繰り返したり、発展させたりして批判的思考を育成できる。教科による見方・考え方を大事にしつつ、批判的思考という汎用的な資質・能力を関連付けて指導し、指導の効果をあげることができる。

2つ目は、児童・生徒自身が、それぞれの教科等が関連していることを実感できることである。子どもは教科が変わると、頭の中を切り替えてしまうこともあるが、それぞれが関連し合って資質・能力を育成していると実感させることで、子どもの学習観を変革することが可能となる。

最後に、児童・生徒の実態に応じて、年間で集中して指導する時期をつくることもでき、年間を通して均等に指導できることである。カリキュラム・マネジメントの工夫としては、ある時期に集中して批判的思考を育成する時期をつくったり、年間にまんべんなく単元をおいて指導していくなど、指導計画の工夫も考えられる。

批判的思考力を育成するカリキュラム・マネジメントの例（学年間）

1年間だけでなく、学年間でのカリキュラム・マネジメントすることも考えられる。例えば批判的思考力（正誤・適切性）では以下のような繋がりが考えられる。まず低学年では国語科の書くことの学習で、自分の文章が間違っていないか考える思考を育成する。次に中学年では間違っていないか考える対象が自分からそれ以外に広がる。例えば理科で空気の性質を、実験結果などを根拠に比較しながら考える思考を育成する。そして高学年では結果からの比較だけではなく、インゲン豆の発芽の条件を考えるために、結果を予想してどのように条件を制御したら明らかにできるのかを考える思考を育成する。中学校ではそれを更に発展させ、孤島で固有種が多い理由を自分で考え、それが妥当かどうか様々な条件から考えて検証するような関係性を明らかにする思考に繋がっていく。

一方、批判的思考力（価値）では、低学年国語科の文学的文章を読む学習で、人によって感想が違うことに気づく思考を育成する。中学年ではただ気づくだけではなく、図工で友達の作った動画の良さを色々見つけていくような思考を育成する。高学年ではメリットとデメリットを含めて、体型の違いがあっても同じようにバスケットボールを楽しめるようなルールを俯瞰的に考えて自分の考えを深めていく思考を育成する。最後に中学校ではそれらを発展させ、様々な角度から抽象的に迫っていく哲学的な思考につながっていく。美術で「Artとはなにか」哲学的に考える学習などが考えられる。

学年を超えて指導するメリット

学年を超えて指導するメリットについて、2つのことが考えられる。

1つは、育成のプロセスが明らかになることで、教科を超えて何を指導すれば良いかわかることである。低学年では国語で、自分に間違いがないか考える力をつけると中学年の理科で実験結果から比較して何が言えるか考える力につながることがわかっていれば、低学年のときにその点を意識して指導することができる。もちろん今までも無意識に指導は行われてきたが、それを意識的にすることで、効果をより高めることができる。

2つ目は、児童・生徒の実態に応じて何を指導すべきかわかるということである。例えば多面的な思考をすることが難しい児童・生徒に、いきなり哲学的な探究をすることは難しい。その前の段階の「自分と相手が違うことに気づく」力が身についていないのかもしれない。その様な場合、目の前の児童・生徒がどこまでできていて、どこができていないかを見ることで、児童・生徒にあった適切な指導をすることができるようになる。

4　資質・能力を育成する手立て

はじめに

以上育成すべき資質・能力とは何か、またそれはどのように育成されるのかを説明してきた。本項ではその資質・能力の育成につながる手立てを紹介する。具体的には以下のような手続きで分析を行った。

①資質・能力を質問紙調査によって、多くの複数の授業で育成が明らかになった以下に絞る。

汎用的スキル　批判的思考力、協働する力、問題解決力

態度・価値　好奇心・探究心、困難を乗り越える力、他者に対する受容・共感・敬意

②その資質・能力の育成が質問紙で明らかになった授業で使われていた手立てを指導案・授業ビデオから抽出する。

③その手立てが資質・能力の育成と関連があるか、複数の教科教育の大学教員と心理学の教員で検討する。

その検討の結果明らかになったことを次項から説明していく。

批判的思考力（汎用的スキル）

批判的思考力を育成する手立てをまとめると次のような表になる。

手立て	具体的な手立て（教科等）
ア　多様な視点から考える必要のあるテーマの設定	・難民問題（社会） ・多様な色を作る（美術）
イ　解決したい、より良くしたいという場の設定	・鑑定書の修復という問題設定（理科） ・試合に勝つ（体育）
ウ　試行錯誤が可能な場の設定	・自分の考えがすぐ実験できる場（理科） ・自分の考えを試す練習（体育）
エ　他者との学び合いの設定	・他のことを調べた友達との学び合い（国語） ・様々な感染症対策の比較（保健）
オ　可視化ツールの用意	・ホワイトボードの活用（保健・社会・理科） ・タブレット端末の活用（体育）

ア　多様な視点から考える必要のあるテーマの設定

社会では難民問題、美術ではステンドグラスを作るための多様な色を作るといったテーマが設定されており、多様な視点、新しい視点から考える必要のあるテーマが設定されていた。それによって子どもたちは様々な立場から考えることが可能となり、「本当にそうか」「他に考えなくてはいけないことはないか」「新しい視点はないか」などの批判的思考力が育成されたと考えられる。

イ　解決したい、より良くしたいという場の設定

数学では人を助けるためにＡＥＤを何ｍおきにおけば良いのか、理科では読めなくなったプラスチックの鑑定書を修復したい、体育ではソフトバレーボールの試合に勝ちたいという場が設定されている。その結果「問題を解決するためにいろいろ考えよう」「勝つためにいろいろ考えよう」「独自のアイディアを出すためにいろいろ考えよう」という批判的思考力が育成されたと考えられる。

ウ　試行錯誤が可能な場の設定

理科では、炎色反応とプラスチックの関係が本当にそれで良いのか、すぐに自分で考えた実験ができるように準備されており、体育でもソフトバレーボールで自分の考えた作戦

が正しいかどうかすぐに練習で確かめる場が設定されていた。その結果「本当かもう一度確かめてみよう」と自分の仮設が正しいかすぐに検証しようという批判的思考が育成されたと考えられる。

エ　他者との学び合いの設定

国語では、七夕に関する他のテーマを調べた子どもとの話し合いが仕組まれており、そこで自分とは違う考えを知ることができた。また保健では感染症対策について4人組で話し合うように設定されており、その結果自分とは異なる友達の意見と比較しながら自分の意見を深めることができていた。その結果「他の考え方や意見はないか」「本当に大切なものはなにか」という批判的思考力が育成されたと考えられる。

オ　可視化ツールの用意

体育ではソフトバレーボールで自分たちの動きをビデオで撮ることで、その通り動けているかを確認していた。保健では班の意見をホワイトシートに貼り、多様な意見を可視化することで自分の考えと比較することができた。そのことで自分の考えと違う動きや意見を知り、「本当かどうか」「他の考え方はないか」という批判的思考力が育成されたと考えられる。

協働する力（汎用的スキル）

協働する力を育成する手立てをまとめると次のような表になる。

手立て	具体的な手立て（教科等）
ア　多様な視点から考える必要のあるテーマの設定	・難民問題（社会） ・クラスの目標を一文字で表す（特活）
イ　解決したい、より良くしたいという場の設定	・鑑定書の修復という問題設定（理科） ・試合に勝つ（体育）
ウ　事前知識をもたせる	・事前に知識を確認する（社会、理科）
エ　協働が生まれやすい活動・ルールの設定	・ソフトバレーボールを協働しやすいルールにする（体育）
オ　他者との学び合いの設定	・グループでの話し合い（社会、理科、美術）
カ　子ども同士の信頼関係の構築	・グループでの話し合い方の指導（美術・体育）
キ　可視化ツールの用意	・ホワイトボードの活用（社会・理科・家庭） ・タブレット端末の活用（体育）

ア　多様な視点から考える必要のあるテーマの設定

社会科では難民問題、特別活動では卒業後のみんなの目標という様々な考え方が必要とされるテーマで話し合っていた。そのことで自然と協働が生まれ、「いろいろな考え方から話し合おう」という協働する力が育成されたと考えられる。

イ　解決したい、より良くしたいという場の設定

理科の授業では、読めなくなったプラスチックの鑑定書を修復したい、体育ではソフトバレーボールの試合に勝ちたいという場が設定されている。その結果子どもたちは問題解決のために協力する必要が生まれ、「みんなで協力して解決しよう」という協働する力が育成されたと考えられる。

ウ　事前知識をもたせる

事前知識がないと協働は困難である。例えば理科で事前にプラスチックの性質についての知識、社会科で難民を取り巻く状況についての知識、技術では道具の使い方を共有していたりすることにより協働が起こった。その結果「調べて知っているから話し合える」「知識を共有しているから話し合える」という協働する力が育成されたと考えられる。

エ　協働が生まれやすい活動・ルールの設定

家庭科では洗剤の良さを選ぶ規準を1つに絞って選ばせる活動を取り入れたり、体育のソフトバレーボールでキャッチをしても良いルールにしたりすることで、「みんなで協力して勝とう」という協働が自然と生まれ、協働する力が育成されたと考えられる。

オ　他者との学び合いの設定

社会、理科、美術などの授業で、グループでの話し合いやグループでの活動が設定されていた。そこで「みんなで考えよう」という協働する力が育成されたと考えられる。

カ　子ども同士の信頼関係の構築

美術や体育で子ども同士が互いに安心して伝え合う言葉を使うことにより、信頼関係ができているため、友達のために何かしたいと子どもは思うようになっていた。「友達のために協力したい」という協働する力の育成につながったと考えられる。

キ　可視化ツールの用意

子どもの思考や動きをホワイトボードやタブレットPC、作品などで可視化することで、言葉だけで話し合うよりも話し合いやすくなる。そのことで話し合いが活発化し、協働が生まれやすくなったと考えられる。そのことにより協働する力が育成されたと考えられる。

問題解決力（汎用的スキル）

問題力を育成する手立てをまとめると次のような表になる。

手立て	具体的な手立て（教科等）
ア　多様な視点から考える必要のあるテーマの設定	・難民問題（社会） ・未来の車の開発（技術）
イ　解決したい、より良くしたいという場の設定	・鑑定書の修復という問題設定（理科） ・試合に勝つ（体育）
ウ　試行錯誤が可能な場の設定	・とりあえず作って修正点を見つける（技術）
エ　ゴールの明確化	・条件を示し見通しをもたせる（理科）
オ　他者との学び合いの設定	・グループでの話し合い（社会・理科・美術）
カ　可視化ツールの用意	・ホワイトボードの活用（社会・理科・家庭） ・タブレット端末の活用（体育）

ア　多様な視点から考える必要のあるテーマの設定

技術科の未来の車を開発するという学習では、環境面、エネルギー面、性能面、安全面などの様々な視点から車の開発を考えていく必要が出てくる。そのような多様な視点から考えなくてはいけない問題に対して最適解を探していく活動は、問題解決力が育成されたと考えられる。

イ　解決したい、より良くしたいという場の設定

理科の授業では、読めなくなったプラスチックの鑑定書を修復したい、体育ではソフトバレーボールの試合に勝ちたいという場が設定されている。体育で子どもたちは試合に勝つために「自分でできることは何か考えたい」「何が問題かを考えたい」という問題解決力が育成されたと考えられる。

ウ　試行錯誤が可能な場の設定

技術の学習でレタスの水耕栽培を行うため、生徒は植物工場のスタンドのカバーを作っていた。その過程でどのように曲げ加工をしたらよいか考えるだけではなく、とりあえず作ってみることで修正すべき点が見つかる。そのようにして「とりあえずいろいろ試して解決策を考えよう」という問題解決力が育成されたと考えられる。

エ　ゴールの明確化

例えば理科の学習で、化学変化が起こった場合、反応前後で質量はどうなるかを考える際に、安全に閉じた空間で質量を測定する方法を考えるよう教師が指示を出している。子どもに見通しをもたせることで、どのようにそれを解決すればよいのかに焦点を絞って考えることができ、「ゴールに辿り着くにはどのような道筋があるのか」を考える問題解決力が育成されたと考えた。

オ　他者との学び合いの設定

社会、理科、美術などの授業で、グループでの話し合いやグループでの活動が設定されていた。例えば理科ではどのようにプラスチックを判別すればよいのか、その実験方法を考えるときに班ごとに話し合い、そこで「こんな方法もあるのか」「人によって意見が違うな、どっちが正しいんだろう」という問題解決力が育成されたと考えた。

カ　可視化ツールの準備

子どもの思考や動きをホワイトボードやタブレットPC、作品などで可視化することで、言葉だけで話し合うよりも話し合いやすくなる。数学ではプロジェクターと黒板を用いて可視化しながらＡＥＤを配備する位置を考えるという問題解決力が育成されたと考える。

好奇心・探究心（態度・価値）

好奇心・探究心を育成する手立てをまとめると次のような表になる。

手立て	具体的な手立て（教科等）
ア　身近なテーマの設定	・七夕（国語） ・難民問題（社会） ・プラスチックの扱い（理科）
イ　解決したい、より良くしたいという場の設定	・洗剤のパッケージデザインをする（家庭） ・鑑定書の修復という問題設定（理科）
ウ　他者との学び合いの設定	・他のことを調べた友達との学び合い（国語） ・練習をチームで行う（体育）
エ　具体物の配置	・実験の結果を見せる（理科・家庭） ・作品（美術）

ア　身近なテーマの設定

国語では七夕、理科ではプラスチックという身近な問題を扱うことで、子どもたちは興味をもつようだ。七夕では自分の身近な行事が実は海外にも似たような行事があったこと、またそれぞれの地域で考え方の違いから七夕伝説が異なっていることを知り、今後七夕について「もっと知りたい」「他の国はどうか」という好奇心・探究心が育成されたと考えられる。またプラスチックについて学んだ後に、この後プラスチックについて色々考えるようになるという生徒のインタビューもあった。このように身近なテーマで学ぶと「生活に役立ちそう」「関わりがある」「放っておけない」という好奇心・探究心が育成されたと考えられる。

イ　解決したい、より良くしたいという場の設定

例えば、家庭科で洗剤のパッケージデザインをするという問題解決活動を単元に位置付けることにより、「もっと知りたい」、「他にも試してみたい」という好奇心・探究心が育成されたと考えられる。理科ではプラスチックの鑑定書を修復するという問題解決活動が設定され、それによって子どもの意欲が高まり、「解決したい」という好奇心・探究心が育成されたと考えられる。

ウ　他者との学び合いの設定

国語で自分の班、調べたテーマは同じだが別の班、違うことを調べた班という、3種の交流を行っていた。その結果自分が調べていないことを友達が調べているので、子どもたちは自分が知らなかったことを知ることになる。体育では、ソフトバレーボールの練習をチームで行うことで、自分では思いつかなかった作戦を友達から教わったり、それぞれの個性に合わせてできる作戦を考えたりして「もっと知りたい」「違っていて面白い」「共感できて面白い」という好奇心・探究心が育成されたと考えられる。

エ　具体物の配置

家庭科や理科で実験の結果を子どもに見せることで変化が目の前に見えたり、美術などの目の前に具体物としての作品が変化したりすると面白いと感じるようになる。家庭科では目の前で洗剤によって化学繊維が溶ける実験を行い、それを見た子どもたちが面白いと感じていた。また美術ではセロハンを重ねて様々な色を作り、新しい色ができて面白いと感じていた。このように具体物が目の前にあることで、「変化が見えて面白い」「実感が湧く」「変化に関われて面白い」などの好奇心・探究心が育成されたと考えられる。

他者に対する受容・共感・敬意（態度・価値）

他者に対する受容・共感・敬意を育成する手立てをまとめると次のような表になる。

手立て	具体的な手立て（教科等）
ア　多様な視点から考える必要のあるテーマの設定	・難民問題（社会） ・多様な色の解釈ができるような教材・課題設定（美術）
イ　解決したい、より良くしたいという場の設定	・勝ち負けよりも、みんなが楽しめるようなルールを考える（体育） ・多様な意見を受け入れる（技術）
ウ　他者との学び合いの設定	・グループでの話し合い（美術・保健）
エ　子ども同士の信頼関係の構築	・色が相手に伝えられるように食べ物で例える（美術） ・相手が傷つかないように伝える言葉を指導する（体育）

ア　多様な視点から考える必要のあるテーマの設定

　社会科の難民問題のように多様な視点から考える必要のあるテーマを扱うと多様な意見が出てくる。そのため解決するには意見の違いを受け止める必要が生まれてくる。班で判断をするためには、難民を受け入れるべきという立場、難民を受け入れるのは怖いという立場、両面から考える必要がある。そのときに違いを排除し合うのではなく、互いの立場を受け止めることで、「異なる考え方、立場も大切にしよう」「感じ方が人によって違うことを受け入れよう」という受容・共感・敬意を育成できると考えられる。また美術では多様な色の解釈が出て、その違いの良さを共感することができ、受容・共感・敬意が育成されたと考える。

イ　解決したい、より良くしたいという場の設定

　例えば、体育で試合で勝ち負けだけではなく、みんなで楽しめるルールを考えよう、という、より良くしたいという場を設定する。すると、苦手な子どもに活躍してもらえるよう苦手な子どもに共感して助けたいという気持ちが起こり、「苦手な人、困っている人を助けよう」という受容・共感・敬意につながると考える。技術科でもレタスを育てる容器を作るために多様な意見を受け入れようという違う意見を受け入れる受容・共感・敬意が

育成されたと考えられる。

ウ　他者との学び合いの設定

美術で学び合いを設定することで同じ色でも違う名前をつけようという意見や、自分が良い色と思っていても相手がそう思っていないという場面に出会うことがある。その際、それを受け止めることで、「違う意見を受け止めよう」「相手に共感しよう」という受容・共感・敬意が育成されたと考えられる。また保健の授業では海外で伝染病を予防するにはどうしたら良いかアイディアを出し合っている場面があった。そこでは自分とは違う意見を友達からもらい、それをすぐに排除するのではなく、一度受け入れている様子が見られた。

エ　子ども同士の信頼関係の構築

体育で試合の作戦について話し合う際に、相手が傷つかないように伝える言葉を指導したりすることで、子ども同士の信頼関係を築くことができる。そのことで子どもが相手を尊重するようになる。それにより「友達の意見だから尊重しよう」というような受容・共感・敬意が育成されたと考えられる。このように授業を通して学級経営を行うという方法は多くの授業で見ることができる。

困難を乗り越える力（態度・価値）

困難を乗り越える力を育成する手立てをまとめると次のような表になる。

手立て	具体的な手立て（教科等）
ア　子どもが達成感を得られるテーマの設定	・太鼓を全校の皆に聞いてもらう（音楽）
イ　子どもが達成できそうな課題の設定	・工夫して演奏する楽器を太鼓にする（音楽）
ウ　試行錯誤が可能な場の設定	・実際に試しながら加工方法を考える（技術）
エ　他者との学び合いの設定	・互いに確認しあって助け合って作業を行う（技術）
オ　可視化ツールの用意	・タブレット端末の活用（音楽）
カ　振り返る場の設定	・振り返りを行う（すべての教科等）

ア　子どもが達成感を得られるテーマの設定

音楽の授業では太鼓を全校の皆に聞いてもらおうというテーマが設定されている。子どもにとって全校の前で演奏して拍手をたくさんもらうことは達成感がもてるゴールになる。そのように魅力的で達成感を得られるテーマを設定することで「成功してよかった」「次も頑張りたい」という自信を身につけ、次の困難も乗り越えることができるだろう。

イ　子どもが達成できそうな課題の設定

いくら達成感をもてそうなテーマでも、困難すぎる課題であれば子どもは困難を乗り越えることができない。子どもたちに「この課題ならうまくできそう」、といった見通しや、「自分に合った課題を探そう」といった自主的な態度や気持ちをもたせることが重要である。例えば音楽の授業では、太鼓であれば子どもたちでも工夫して乗り越えることができ、自信をもって次の困難も乗り越えることができるだろう。

ウ　試行錯誤可能な場の設定

技術の学習でレタスの水耕栽培を行うため、生徒は植物工場のスタンドのカバーを作っていた。その過程で曲げ加工の方法を考えるのだが、そこで実際に試しながら「必ずうまく行く方法があるはずだ」「失敗を恐れず挑戦しよう」という態度が身につき、困難を乗り越える力が育成されたと考えられる。

エ　他者との学び合いの設定

先程の技術の例で言えば、1人で試行錯誤してもなかなか問題を解決することはできない。しかしそこで助け合ったり、人の意見を取り入れたりすることで「友達と協力すればうまくできそう」「グループの目標のために頑張ろう」という困難を乗り越える力が育成されたと考えられる。

オ　可視化ツールの用意

例えば音楽の授業で、自分たちがうまく演奏できているかどうかは夢中になっているので客観的に分析するのは困難である。しかしそれをタブレットで録画することで、客観的に自分たちの演奏を見ることができる。そうすることで、「うまくできた」「ここを直せばうまくいきそう」という困難を乗り越える力が育成されたと考える。

カ　振り返る場の設定

授業中にせっかく困難を乗り越えても、それを振り返らなければ次の困難の克服につながりにくくなる。すべての教科等で振り返りを行い、「うまくできた」「やればできる」「成長できて嬉しい」ということを実践し、困難を乗り越える力につなげたい。

手立ての共通性

これらの分析から1つの手立てで複数の資質・能力を育成する可能性があることもわかった。例えば「多様な視点から考える必要のあるテーマの設定」や「他者との学び合いの設定」は多くの資質・能力の育成に関連があると考えられる。

多様な視点から考える必要のあるテーマの設定	批判的思考力 協働する力 問題解決力 他者に対する受容・共感・敬意
他者との学び合いの設定	批判的思考力 協働する力 問題解決力 好奇心・探究心 他者に対する受容・共感・敬意 困難を乗り越える力

例えば「多様な視点から考える必要のあるテーマの設定」であれば様々な角度からものごとをとらえる必要があるので批判的思考力の育成につながり、1人では多面的に考えるのは難しいので協働する力の育成につながり、多面的に考えるので解決策を考えることができ、問題解決力につながると考えられる。また多様な視点から考えれば自分とは違う意見の友達と向き合うことになり、他者に対する受容・共感・敬意につながると考えられる。

このように多くの資質・能力を育成するのにたくさんの手立てが必要というわけではなく、1つの手立てを適切に用いれば自然と多くの資質・能力が関連して育成できる可能性が示唆された。

まとめ

以上、資質・能力を育成する手立てについて説明してきた。資質・能力を育成する手立てについてまとめると以下の3点になる。

1　能力を育成する手立ては教科を超えて共通に存在すること
2　1つの資質・能力を育成する手立ては複数あること
3　1つの手立てで複数の資質・能力を育成すること

このような手立てを組み、授業をつくることは決して新しいことではない。今までも多くの優れた実践者が行ってきたことである。昔から優れた教師は子どもが主体的に学ぶように多様な立場から考える必要のあるテーマを選んできたし、教師が一方的に教えるのではなく、子ども同士の学び合いで授業をつくってきた。そういった手立ては教師が自覚しているかいないかは不明だが、子どもたちの資質・能力を育成してきたと考えられる。

それでは今あらためて資質・能力を育成する手立てに我々が注目するのはなぜか。それは教師が自覚的に資質・能力を育成することである。若い教師が増え、教える知識も増えてしまっている。若い教師は目の前の知識を子どもに理解させることに夢中になり、資質・能力の育成まで気が回らなくなる可能性がある。

知識も重要だが、資質・能力の育成も重要である。なぜ時間をかけて学び合いを行うのか、なぜ教師が教材研究をし、子どもが夢中になるテーマを設定する必要があるのか。資質・能力と結び付けられない若い教師からはすべて無駄に見えてしまう。しかし資質・能力と結び付ければ若い教師に説明することが可能になる。学び合いでは批判的思考力などの資質・能力や、主体的に学ぶことで好奇心・探究心を育成することにつなげることができると伝えれば、若い教師も納得すると考えられる。

第3章

資質・能力（コンピテンシー）育成のための授業

話し合いで批判的思考力を育てる

資質・能力育成のポイント

話し合いで批判的思考力を育成することは多く提案されている。しかし具体的にどのようなプロセスで、資質・能力としての批判的思考力を育成していくのかについては明らかになっていない。ここではまず根拠・考え・意見の区別をするという知識獲得を行う。そこから他者がどの事実を根拠とし、そこからどのように考えをもち、最終的にどのような意見をもったのか、という他者の思考プロセスを理解する。それが汎用的スキルの批判的思考力の育成につながる。また他者の視点で根拠・考え・意見のプロセスを考えてみるとあるところまでは同じであることに気づける。それが態度・価値である他者に対する受容・共感・敬意を育成することにつながる。

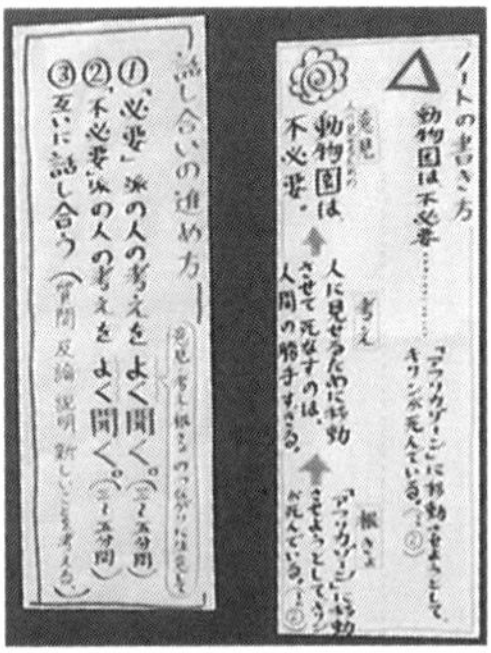

教科指導のポイント

本単元では、動物園や水族館で生きた動物を狭い檻や水槽で飼育することの是非について考える。動物園や水族館に一度は訪れたことのあるであろう児童にとっては、身近な問題であり、また、意見の分かれる問題でもある。本単元では、この問題を扱いながら、小学校高学年における話すこと・聞くことの指導内容である、意図に応じて収集した知識や情報を関係付けて話すこと、相手の意図を捉えながら自分の意見と比べて聞くことを指導していく。

単元の目標

各教科固有の単元目標

○知識及び技能

・根拠、理由、意見という情報と情報との関係について理解することができる。

○思考力、判断力、表現力等

・自分の意図に応じて必要な新聞記事や書籍の内容を根拠に意見や考えを話したり、相手の意図と根拠になる資料の関係とを考えながら自分の意見と比べて聞いたりすることができる。

○学びに向かう力、人間性等

・動物園や水族館の在り方について、自分と同じ立場の相手や違う立場の相手と進んで話し合い、自分の考えをより豊かにすることができる。

育成を目指す資質・能力

①汎用的スキル

・批判的思考力

1つの立場や見方から、動物園や水族館の飼育や展示についての問題を捉えるのではなく、動物の側と人間の側、現在の状況に賛成の側と反対の側など、多様な立場や見方から考えることができる。

②態度・価値

・他者に対する受容・共感・敬意

自分の価値観を大切にするだけでなく、他の相手や他の集団の考え方や価値観も大切にしていくことができる。

単元の指導計画（全5時間）

時間	主な学習活動
第1次（1時間）	・動物園や水族館が必要かどうかについて関心をもち、2つの資料を読む。 ・必要かどうかについて自分の意見をもち、その理由をノートに書く。
第2次（3時間） （本時：2／3時）	・新たに4つの資料を読む。 ・動物園が必要かどうかについて、同じ意見の友達と小グループで話し合う。 ・自分の意見を、考えと根拠に区別してノートに整理する。 ・動物園が必要かどうかについて、異なる意見の友達と小グループで話し合う。
第3次（1時間）	・動物園協会などに提案することを目的に、動物園のこれからの在り方について、学級全体で話し合う。

本時の流れ（第3時／全5時間）

時	学習活動（・指導上の留意点）
導入	①前時に行った、意見と考えと根拠に区別して記述することを想起し、動物園が必要かどうかについての自分の意見を、考えと根拠との繋がりがわかるように書き直す。 ・区別して書けている児童のノートを、モニター画面に資料として映す。
展開	②動物園の是非について、異なる意見の児童同士のグループになって話し合い、相手の意見を根拠や考えと区別して関連付けノートに記録する。 ③話し合いで出た意見をグループごとに発表し、その意見を基に学級全体で、「動物園の在り方」について話し合う。 ・話し合いのグループは4人グループとし、賛成側が2人、反対側が2人を基本となるように構成する。
まとめ	④学習感想を書く。

指導上の工夫

グループでの話合い活動を２種類設定する

同じ意見の児童同士で話し合うグループ活動と、違う意見の児童同士で話し合うグループ活動の、２種類の話合い活動を設定する。同じ意見同士の話し合いでは、述べたい考えに即した根拠となる事実を資料から選び、根拠が明確な意見をつくり上げることを目標とする。同じ考えの児童が集まることで、理解の仕方に違いのある児童同士が互いに教えることができる。また、違う意見同士の話し合いでは、相手の意見が考えと根拠が結び付いたものになっているのかを確かめながら、自分の意見と比べて聞いて話し合うことが目標となる。

２種類の話し合いを設定することで、それぞれの話し合いの目的が明確となる。その際に自分とは異なる意見を理解しようと、根拠と考えを区別しながらノートに書くよう指導する。そのことで、相手が意見をもった思考プロセスを理解できるようになる。そのことによって異なる意見の他者でも、あるところまでは共通する点があることに気づき、そこからお互いに納得できる合意点を探ることができるようになる。

資質・能力の育成の場面

知識及び技能の育成

（1）ノート指導

児童S1は、授業の最初の段階では、ノートを根拠、考え、意見を分けて書くことができていなかった。その様子を教師が机間指導で見つけ、指導した結果、ノートに根拠、考え、意見を区別してまとめることができた。

（2）違う意見の人との話し合い

教師が、いきなり話し合うのではなく、相手の話を根拠、考え、意見と分けながらメモをする時間をとるように指示をする。そこでS1は、根拠、考え、意見を区別して発表することができた。

汎用的スキル（批判的思考力）の育成

その後S1はノートを書きながら意見の違う児童の話を聞いた。そこでS1は自分とは違う意見、動物園は不必要であるという意見が、自分と同じ「種の保存」を根拠にしているということに気づく。ここから、相手が何を根拠とし、そこから何を考え、意見にたどり着いたのかをメモすることにより、相手の考え方を追うことになり、結果として違う立場から考えることにつながったと考える。

態度・価値（他者に対する受容・共感・敬意）の育成

Ｓ１は意見が違っていても、根拠が同じであるということに気づけたことから、相手が自分とは全く違う意見をもっているわけではないことに気づく。その後の話し合いでは「改善点」という言葉を出し、改善点について話し合うべきだとＳ１が後で提案する基盤がここで生まれているのが見える。

その後教師は話し合いを一度中断し、このまま必要、不必要で話し合って良いのかと児童に投げかけた。その直後Ｓ１は「改善点を話し合ったらよいと思う」と提案する。そこから学級は動物園の改善点について話し合うことになった。この場面では根拠・考え・意見を区別するという知識が獲得され、それをメモすることで相手の立場で考えたのかを考えられるようになるという批判的思考力が身についた。その結果自分とは違う相手も、同じ根拠で考えているので完全に違うわけではなく、動物園の改善点を話しあえば良いということに気づき、改善点を提案する。ここで自分と違う意見の人を受け入れるという他者に対する受容・共感・敬意が身についたと考えられる。

主体的・対話的な追究により協働的な問題解決力を育てる

資質・能力育成のポイント

知識・理解と資質・能力の育成は、ともすると段階的に捉えられがちである。しかし、小学生の学習を詳細に見ていくと、知識の形成、汎用的スキルの向上、態度・価値の涵養は密接に関わり合い、互いに作用し合うことで学びを充実・深化させている。

本単元では、学習対象である小金井阿波踊りの継承・発展と、それを支える人々の思いや願いに共感しつつ知識を獲得し理解を深める過程で、児童たちが主体的に問題解決力を発揮する。加えて共に学ぶ仲間の問題解決力からも学ぶことで協働する力のもたらす楽しさと意義を実感しつつ、地域の年中行事の社会的な意味に目を開いていく。

単元づくりでは、学習の基軸となる知識の獲得に向け児童たちを動機づける手立て、スキルを駆動させるための学習状況の把握と支援、価値について多角的・協働的に追究できる教材と活動の工夫など、児童の視点から学習過程を吟味することが期待される。

教科指導のポイント

本単元では、地域で続けられてきた年中行事である小金井阿波踊りの内容、そのいわれに興味・関心をもたせつつ、そうした行事の保存や継承に込められた地域の人々の思いや願いを考えさせる。その際、小金井阿波踊りを体験・見学したり、それらの保存や継承を担っている人から話を聞いたりして調べ、地域の人々の阿波踊りにかける思いや願いに直接触れることが重要である。これにより、受け継いできた地域の年中行事の意味・意義を理解し、今後の継承に関心をもったり、参加したりしていく意欲を高めていく。

単元の目標

各教科固有の単元目標

○知識及び技能

・資料を集めて読み取ったり、見学・調査で調べたりすることから、小金井阿波踊りを継承・発展させるための地域の人々の協力とそこに込められた思いや願いを理解する。

○思考力、判断力、表現力等

・話し合い等から小金井阿波踊りを継承・発展させてきた人々の思いや願いをより深く

考えたり、年中行事となった阿波踊りの社会的な意味を考えたりすることができる。

○学びに向かう力、人間性等

・地域を盛り上げよりよい地域にしたいという商店会と連の方々の願いや取組に共感して、自分たちの地域や学級を見直し、自らも改善に参加し協働して取り組もうとする。

育成を目指す資質・能力

①汎用的スキル

・協働する力と問題解決力

学習問題「小金井阿波踊りは誰が何のために（どのようにして）続けてきたのだろう」を追究する過程で、個々が主体的に情報を収集して読み取ったり、話し合いの過程で調べたことや考えたことを発表し合って互いに理解を深めたりすることができる。

②態度・価値

・他者に対する受容・共感・敬意　より良い社会への意識

小金井阿波踊りへの思いや願いを追究する中で、地域の人や仲間に共感や敬意を抱いたり、その公共性への気づきからより良い社会について考えたりすることができる。

単元の指導計画（全8時間）

時間	主な学習活動
第1次（2時間）	・小金井市の年中行事や阿波踊りの写真や映像をもとに、37年間続けられ夏の風物詩になっている小金井市の祭り「小金井阿波踊り」について話し合い、学習問題（p.134参照）を設定する。
第2次（4時間） （本時：2／4時）	・「小金井の阿波踊り」について、始まりや継続するための地域の人々の取組、願いなどについて資料や聞き取りをもとに調べる。 ○阿波踊りが始まった理由 ○阿波踊りを行うための工夫や努力 ○阿波踊りのこれまでとこれから ○人々の協力（連・地域・警察・バス会社など）
第3次（2時間）	・これまでの学習をもとに、「小金井阿波踊り」が続いている理由をまとめ、発表し合う。 ○楽しいお祭りで小金井を盛り上げたいから ○協力があるから

本時の流れ（第4時／全8時間）

時	学習活動（・指導上の留意点）
導入	①小金井阿波踊りの年表を見て、始まった年や続いてきた年数など前時までにわかったことを確認する。 ・小金井阿波踊り年表を黒板に大きく掲示し、前時までにわかったこと、発展の様子を全体で確認させる。 ・適宜ポスター、旧盆踊りや阿波踊りの写真等を掲示する。
展開	②東日本大震災の年に阿波踊り中止の危機があったことを知らせ、その時の実行委員会の方々の立場に立って実施すべきかどうか話し合う。 ・これまでの祭りに対するＫさんたちの思いや願いを振り返り、考えさせる。 ③東日本大震災の年も中止せず、工夫して実施したこと、実施を決めたＫさんたちの思いや願いを知る。 ・実施しようとした思いを考えさせる。
まとめ	④Ｋさんの話を聞き考えたことや感じたことを発表する。 ・祭りを行う意味を多角的に考える。

指導上の工夫

地域の人々が受け継いできた小金井阿波踊りへのアプローチを工夫する

前時まで小金井阿波踊りの継承・発展に携わる地域の人々の取組を、人々の協力から関係的に見たり、参加地域の広がりから空間的に見たりしてきた。それを生かして、年表やポスター、写真等を効果的に使い37年間祭りを続けてきた人々の取組を時間的に捉える場面を計画的に組み込む。また運営主体の商店会の人の思い、連で参加する人の思い、小金井市民の思いなど、この祭りを多様な視点から考える場面を意図的に組み込むことから、児童一人一人が小金井阿波踊りを多角的に捉えられるようにする。

具体的な人物の願いや努力から他者への共感・敬意、よりよい社会を意識化させる

本時では、東日本大震災に伴う小金井阿波踊り開催の危機に着目させ、これまで調べてきたことを活用し、阿波踊りを行う社会的な意味に気づかせる場面を設定する。小金井阿波踊りの継承・発展を担ってきた商店会の人々の工夫や努力、地域の仲間で連をつくって参加し、地域を盛り上げ「笑顔」にしたいという住民の願い、見守る市民の思い等を取り上げながら、地域社会への愛情や誇り、自己との関わりを意識させる。

資質・能力の育成の場面

知識・理解の広がりと深まり

小金井阿波踊りの歴史を見る中で、児童S4は21回の主催は保存会で、保存を調べたらものをそのままの状態で残すことで、30回は振興協議会で、振興は物事をもっと盛り上げていくことだったと述べる。この子に限らず学級全体が資料や自発的調査からわかったことを出し合い、それらを繋ぐことから小金井阿波踊りをより深く理解し、知識を広げていた。それは祭りの変遷を示す写真やポスターを、絵年表のように構成したビジュアルな板書と、前時のグループ活動で調べた内容が本時の個々の調べ活動や全体での話し合いに生かせるよう配慮した授業者の計画性により可能になったといえよう。加えて踊る人と見物する人の味わう充実感や楽しさを、児童から出た「笑顔」という言葉で象徴的に表現させたことも3年生が考えを発言しやすく、聞く側も理解しやすい学習環境をつくっていた。

汎用的スキル（協働する力、問題解決力）の育成

S4は、阿波踊りを支えてきたKさんの話と仲間の発言を聞き、会場や参加する連の広がりなど阿波踊りが発展し、今や小金井市の夏の風物詩ともなっている理由を理解することで、行事に取り組む人々の思いや願いをより深く考えていった。ここには、疑問を自発

的に調べ、学級の仲間と助け合って問題を追究していくS４の問題解決力と仲間と協働する力を見出すことができる。実際S４は、「今日の授業では昨日ポスターを使ってだいぶ疑問がわかったことがあったけど、残りの疑問の答えをみんなの意見とかから探したりして話し合いができたことが楽しかった」と語っている。学級全体の授業記録を見ても課題を追究する過程での楽しさが問題解決力と協働する力の向上要因となっていた。

態度・価値（他者に対する受容・共感・敬意、より良い社会への意識）の育成

Kさんという具体的な人物を通して、東日本大震災に伴う祭りの中止か実施かを話し合う過程では、震災で暗い気持ちでいる人々の思いに寄り添い、共感している児童の心情が語られた。だからこそ、阿波踊りをして元気づけたいという意見の背景には、苦労して発展させてきた人々への敬意が認められる。さらにここでの発言は厳しい状況の下、主催者側からではあるが少しでも世の中、市民を明るくすることを考えるという意味で、３年生なりにより良い社会を意識したことを示すものでもあった。「ピンチがあったけれど協力によって今も続けていることが凄い」と語るS４たちには、小金井阿波踊りの社会的な意味に目を向け、この行事に関わるすべての人々に共感と敬意をもっていることが感じられる。

グループ演奏で協働する力を育てる

資質・能力育成のポイント

グループでの演奏においては、互いの良さや改善点を見つけ、意見交換をしながら課題を見出し、演奏方法を工夫しながら粘り強く表現を高めることが必要となる。本実践は、近年の音楽科で重要視されている我が国の伝統的な音楽である「三宅太鼓」を取り上げた。本授業では、和太鼓の伝統的な学習方法である、リズムを言葉で表した「口唱歌（くちしょうが）」に着目している。同時に、近年学校教育での活用が求められているＩＣＴをグループ活動で活用し、自己評価・相互評価を促しながら、演奏をより高めていく。これらを活用した演奏・学習の過程で、汎用的スキルである協働する力を育成し、さらに他者に対する受容・共感・敬意という態度・価値を育成していくことをねらいとしている。

教科指導のポイント

本題材は、「三宅太鼓」の演奏表現をつくる活動を通して、互いの演奏を聴き合い、見合いながらより良い演奏を目指し、我が国の伝統的な楽器である和太鼓への理解を深めるものである。三宅太鼓の口唱歌と奏法を理解し、仲間と息を合わせた演奏方法を工夫し、粘り強く取り組みながら演奏表現をつくりあげる。

題材の目標

各教科固有の題材目標

○知識及び技能

・口唱歌による練習を経験したり、三宅太鼓のリズムフレーズを組み合わせた自分たちの音楽づくりをしたりして、和太鼓の音楽に親しむ。

・和太鼓の音色に親しみ、伝統文化の良さに気づくとともに、自分の音楽に対する感じ方や考え方を広げる。

・仲間と息を合わせた和太鼓演奏ができるようになるプロセスを経験し、粘り強く取り組む中で感じられる音楽の良さを味わう。

○思考力、判断力、表現力等

・三宅太鼓についての知識や技能を得たり生かしたりしながら、特徴を捉えた表現を工夫し、どのように演奏するかについての思いや意図をもつこと。

○学びに向かう力、人間性等

・進んで三宅太鼓の演奏に関わり、協働して音楽活動をする楽しさを感じながら、日本の伝統的な音楽に親しむ。

育成を目指す資質・能力

①汎用的スキル

・協働する力

グループで気づいたり感じたりしたことを伝え合い、音楽表現をより良くするための課題を発見し、友達と協働しながら創造的に活動に取り組むことができる。

②態度・価値

・他者に対する受容・共感・敬意

互いに意見を受け入れながら、演奏方法を工夫し、共にリズムを感じながらグループでより良い演奏をつくっていくことができる。

題材の指導計画（全10時間）

時間	主な学習活動
第1次（2時間）	・三宅太鼓のことを知る（0.5） ・口唱歌を覚えてリズムを叩く（0.5） ・ゲストティーチャーの音を体全体で感じ、より良い音を目指して練習する（1）
第2次（4時間）（本時：3／4時）	・グループでリズムをつないで演奏する（2） ・地打ちを入れて演奏する（1） ↓【本時】 ・自分たちで地打ちも入れ、全員でつなげて演奏する（1）
第3次（4時間）	・はじめ方、終わり方、つなげ方（構成）の工夫をする（1） ・もっと良い演奏を目指して練習する（2） ・全校の皆に聴いてもらう（1）

本時の流れ（第5時／全10時間）

時	学習活動（・指導上の留意点）
導入	①児童たちが本時にしたいと考えていることを確認する。 ・リズムをリレーしながらも、より迫力のある音を目指して、互いの叩き方についてアドバイスしながら練習するよう、前時の学習感想を紹介しながらめあてを明確にする。
展開	②グループ毎につなげる練習をする。 ・動きが小さくなるとリズムが速くなっていくことに気づいたり、肘の伸びや、膝の曲げ伸ばしを意識したりできるよう声をかける。 ③地打ちを入れて、全員でつなげて演奏する。 ・地打ちを紹介し、初めは教師の叩く地打ちにのって叩くようにする。 ・構成を考え音楽づくりへの意識をもつ。
まとめ	④今日できたこと、次回に向けての展望を描く。 ・意見を出しながら、次時の展開を考える。

指導上の工夫

タブレット端末等を使用して自己評価・相互評価を促す

2グループに1台の太鼓を使い、向かい合って息を合わせて叩くように楽器を教室に設置した。各グループにタブレット端末を1台配布し、互いの演奏を撮影して確認することによって、より良いフォームで、大きく低い響き音が出せることを実感できるように促した。また、理科や体育での学びを生かして、より大きくダイナミックな叩き方になるために、演奏の動作を分析的に考えながら練習できるように支援した。以上により仲間と協働しながら、より良い表現に向けて、叩き方やフォームを工夫するようにした。

リズムの組み合わせ・順番・速さを工夫する

締太鼓で地打ちを入れ、リズムを合わせる意識をさらに高めるようにした。一度に各グループの1番手から順に叩いたり、グループ毎に叩いたりして、全員でリズムを紡いでいくことによって、〝自分たちがつくる音楽〟というイメージをもてるように支援した。また、仲間と協働しながら工夫して速さや拍の流れを感じながら演奏するように促した。

資質・能力の育成の場面

知識及び技能の育成

(1) 口唱歌の活用

教師が、児童の願いや考えを引き出しながら、今日のねらいを全員で共有し、口唱歌の活用を促すことによって「三宅太鼓」のリズムのイメージ（音楽的表象）を共有し、より確実な演奏をすることができた。児童S1は、演奏者が交代するときに口唱歌を強く言うことで、スムーズに替われるように他の児童とタイミングを合わせていた。また、児童S2はリズムを繋げたり、合わせたりする際に口唱歌に注意することで、演奏が容易になることを再認識していた。児童S3は、口唱歌の「ドン」の部分で手を伸ばして強く打つことにより、体重移動がし易くなるという演奏方法との関係に気づくようになった。

(2) タブレット端末の活用

タブレット端末で演奏の様子を交代しながら撮影し、後で視聴することによって、演奏上の課題を各自で、また相互に発見することができた。また、その解決方法をこれまでの指導を振り返りながら模索し、互いに意見を出しながら、それぞれの和太鼓演奏の技能を向上させていた。

汎用的スキル（協働する力）の育成

グループ内で交代して太鼓を打ち、リズムをつなげて演奏する場面で、友達が演奏しやすいように太鼓を押さえたり、順番を確認し合ったり、口唱歌でリズムを一緒に唱えたりして、グループでより良い表現になるように、相互に協力し合う姿が頻繁に見られた。また、ＩＣＴを活用することによって、互いの表現を振り返りながら良さを認め合ったり、アドバイスをしたりしている様子が観察された。児童は、互いの表現の良さや修正点を見つけ、言葉で伝え合いながら協働する力を身につけていく過程を見とることができた。

態度・価値（他者に対する受容・共感・敬意）の育成

児童たちは、グループで演奏する過程で「知識・技能」を習得し、課題を相互に発見し、それを伝えて協力し高め合う協働する力という汎用的スキルを育んでいた。これらは、さらに他者に対する受容・共感・敬意という態度・価値の育成に繋がっていた。児童Ｓ１は、体勢を低くするように他の児童からアドバイスを受け、その点を意識して改善し、上達を褒められた、と活動を振り返っている。また、児童たちは45分の間に、何度も三宅太鼓のリズムを繰り返して演奏しており、演奏をより良くしようとする向上心や困難を乗り越える力という態度・価値も同時に育成されていた。

ペア学習で高められる感性・表現・創造の力

資質・能力育成のポイント

本題材では、自分の操作によって紙コップの形を段階的に変化させるプロセスを2人で撮影し合うことで、互いの発想のよさを感じ取り、他者に対する受容・共感・敬意につなげる（態度・価値）。また多様な表現やその工夫にふれ、好奇心・探究心が引き出されることで、自分らしい表現方法を追求し、感性・創造・表現の力が育成されることを期待した（汎用的スキル）。

教科指導のポイント

本題材で扱う紙コップは、本来の用途の他に、可塑性のよさ、立体としての安定感、画材としての面白さなどの特長があり、今回のような立体作品によるコマ送りアニメーションの材料としての可能性がある。本題材では児童たちの発想が個々の関わりによって意欲的に広がっていく環境を準備する必要がある。そこでその変容を記録するために、2名につき1台のデジタルカメラを用意した。4人グループは話し合う場面に適した集団規模であるが、次々と生まれる発想を友達と見合いながらつくりあげていくスピード感を大事にしたいと考えた。また、活動の中盤では学級全体で互いの再生モニタをのぞき合ったり、プロジェクタで投影したりしながら集団としての学びにつなげることで、気付きを再び活動へ生かしていく姿を期待した。

題材の目標

各教科固有の題材目標

○知識及び技能

・自分の感覚や行為を通して形や色などの組合せによる感じが分かり、紙コップを適切に扱うとともに、はさみやカッターナイフについての経験を生かし、手や体全体を十分に働かせ、表したいことに合わせて表し方を工夫して表す。

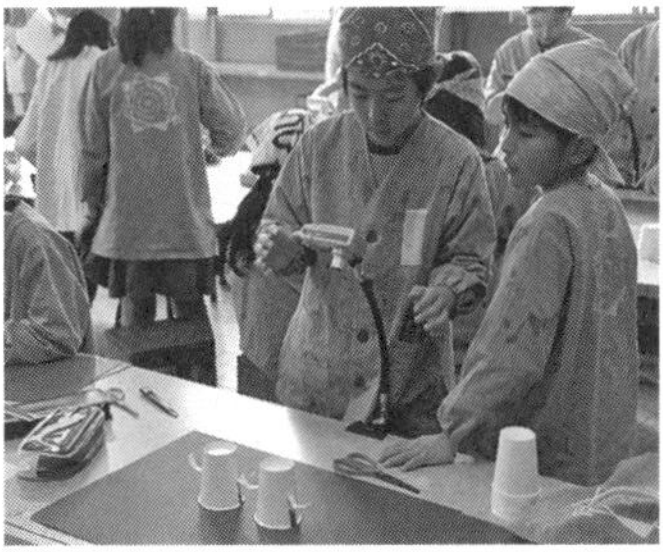

○思考力、判断力、表現力等

・形や色などの組合せによる感じを基に自分のイメージをもち、紙を切ったり折ったりして想像したことから表したいことを見付け、形や色、紙コップなどの材料を生かしながら、どのように「コップ星人の変身」を表すかについて考える。また紙コップを切ったり置き方を変えたりして表したアニメーションの造形的なよさや面白さ、表したいこと、いろいろな表し方などについて、感じ取ったり考えたりし、自分の見方や感じ方を広げる。

○学びに向かう力、人間性等

・つくりだす喜びを味わい主体的に「コップ星人」のアニメーションを表現したり鑑賞したりする学習活動に取り組もうとする。

育成を目指す資質・能力

①汎用的スキル

・感性・表現・創造の力

②態度・価値

友達と関わりながら自分らしい表現を探究することで、感性・表現・創造の力を培う。

・他者に対する受容・共感・敬意
紙コップの形を自分らしく変化させようと、2人で操作したり撮影したりしながら、活動の過程で好奇心・探究心が高まるとともに、友達を受容・共感・尊敬する態度を養う。

題材の指導計画（全2時間）

時間	主な学習活動
第1次（1時間）	・コマ送りのしくみを知り、形の変化や動きに関心をもって連続静止画像（アニメーション）をつくる。
第2次（1時間）（本時）	・自分らしく紙コップの形を変化させる操作の段階に注目して10コマずつ撮影する。 ・撮影した動画を見合い、互いの操作方法や動きのよさを伝え合う。 ・鑑賞を通して気付いたことを次の活動に取り入れて、自分らしい操作方法や動かし方をさらに工夫する。

本時の流れ（第2時／全2時間）

時	学習活動（・指導上の留意点）
導入	①自分らしく紙コップの形を変化させる操作の段階に注目して10コマずつ撮影する。 ・撮り終えたら、変身（操作）した過程を一緒に鑑賞し、ペアと撮影役を交代する。
展開	②撮影した動画を見合い、互いの操作方法や動きのよさを伝え合う。 ・ペアの片方ずつ（前後半5分）席を離れて、他の作品（変身の動画）を見て廻り、付箋紙に感想を書き渡す（または質問）。 ・全体でも意見を発表し合い、次の活動へつなげる。「切り方」「折り方」「曲げ方」「形全体の動かし方」など、児童の気付きを分類して板書で共有する（コップ星人1回目のまとめ）。
まとめ	③鑑賞を通して気付いたことを次の活動に取り入れて、自分らしい操作方法や動かし方をさらに工夫する。

指導上の工夫

互いの発見や考えをリアルタイムで共有するデジタルカメラ

本題材でデジタルカメラを活用する理由は、活動風景や作品の結果を記録するポートフォリオではなく、作者である児童の視線や思考を活動中、即座に確認・評価し合うための掲示板のような役割が大きい。つまり、再生モニタは互いの発見や考えをリアルタイムでチェックし、相談した上で次の表現活動へ意欲を高める自己評価の装置といえる。また、活動範囲の広がり、現場で画像イメージを共有できる即効性、投影などによる情報交換がその利点として挙げられる。

活発な活動を引き出すためのペア活動

本題材では、それぞれのアイディアや思いが、活発に行き交う学習環境の必要性を感じた。そこで1台のデジタルカメラを2人で共有し、それぞれが「作り手」と「撮影者」を分担し、また途中で入れ替わるペア活動を行うことにした。次々と生まれる互いの発想に共感したり驚いたりしながら、また時にアイディアを競わせながら、自分のプロセスをつくりあげていくスピード感あふれる活動の環境を設定した。

資質・能力の育成の場面

知識及び技能の育成

学習過程における製作場面をペアによる学習とし、鑑賞活動、学習のまとめを挿入して多層的な展開としたことで、児童S1、S2共に互いの発想を追体験しながら製作することが可能になった。S1、S2共に互いの発想を2回目の製作場面で取り込み、自らの発想を更新した。ここから、知識や技能、情報がその都度再構成されながら更新されていく、造形教育に見られる知の特性をみとることができる。S2は本時後の質問紙自由記述欄に「友達と協力していい作品を作れた」、「コップ星人の、えいぞうをとってるとき、たくさんおもしろく感じられた」と記述している。

汎用的スキル（感性・表現・創造の力）の育成

児童は、本時の活動中に自ら経験したことを知識・技能として吸収し、思考や行動に活用していたと考えられる。そして、その知識・技能の獲得の仕方は、ほとんどが授業の最初に提示されたものではなく、むしろ児童が活動中に自ら見つけ出し、その造形的特徴の知識・技能を基に問題解決していったと考えられる。すなわち、児童自らが気付き「なるほど」と感心し驚く感情体験を通して、その授業のねらいに積極的に参画しようとする

「好奇心・探究心」が引き出され、その意欲に支えられて発想し構想しながら、「感性・表現・創造の力」の資質・能力を発揮していったと考えられる。本時の分析を通して気が付くことは、授業者の要となるティーチング・アプローチが、「展開」の「コップ星人１回目のまとめ」の中で存分に発揮されていたことである。児童が自ら挑戦したり、周りの児童の取組を見聞きしたりして得た情報を、授業者は巧みに受け止め、整理し、感動や共感をもって児童へ返している。このコミュニケーションの中で「新たな知識・技能」が発見され開かれ、児童は大いに触発されていた。これらの新しい知識・技能がヒントとなり、「コップ星人」をつくる際の問題解決に活用されていた。こうして、抽出児童Ｓ１、Ｓ２は、その感情的な驚きとわくわく感から、好奇心・探究心が引き出され、感性・表現・創造の力を発揮していったのである。

態度・価値（他者に対する受容・共感・敬意）の育成

友達と交互にコップの形を変化させて作品を作り上げる過程や、他のグループの様子を見回り自分の表現のヒントにするプロセスを組み込むことは、相手の意図や表現のよさを感じ取り、さらに自分なりの新しい表現を見つけたり生み出したりしていくことになる。この場面の設定が、他者に対する受容・共感・敬意を育成することにつながった。

小学校道徳・3年・主題（大主題）　生き物・自然の命と関わっていくには、どんなことが大切だろう？

批判的思考力と他者に対する受容・共感・敬意を育む道徳科の学習

資質・能力育成のポイント

児童が自らの考えを深めるためには、児童がどのような問題意識をもっているかがカギとなる。話し合いの場面では、その問題に対する自分の考えをもててこそ、相手の考えを知りたくなり、他者との対話によって多様な考えを求めようとする。そのことを通して、批判的思考力などの汎用的スキルと他者に対する受容・共感・敬意などの態度・価値は相互に関連し合って育成されていく。

本実践では、児童の生活での気がかりから設定した「生き物・自然の命とどう関わっていくか」というテーマについて、複数時間（全3時間）をかけ、複数の価値・教材から多面的に捉えさせていく。また、その際、いわゆる「発問の立ち位置」（永田繁雄による）の考え方を生かした多様な発問によって、児童の多面的・多角的な思考を促していく。

本主題における指導のポイント

児童は、生命の尊さの要因を様々な側面から自覚していくことで、生命を大切にしていこうと考える。また、自然はすばらしいと感じる心や、自然には科学では説明しきれない不思議さを感じ取る心が動けば動くほど、自然や動植物を大切にする心を育んでいく。

本実践では、身の回りにある動植物の生命・自然・環境を取り上げ、自分の身の回りにある生命に目を向け、環境を大切にしなければならない要因や生き物や自然とどのように関わっていけば良いかを考えていく学習過程を構想した。その中で、児童が生命の尊さを様々な側面から考え、見たり感じたりした体験と関連付けることで、自然や生き物の美しさを感じ取る心を大切にしていこうとする心情や態度を育んでいくことを期待した。

本主題における目標

各教科等固有の目標

第1時の「なぜ、ロバがヒキガエルを助けたか」を話し合うことをきっかけとして、すべての生き物に尊い命が体の大きさに関係なく平等にあり、1つしかないことなど、生き物の命と自己とのつながりを考え、命ある生き物を大切にしようとする道徳性を育む。

育成を目指す資質・能力

①汎用的スキル

・批判的思考力

与えられた情報、他者の考えから多面的に思考し、根拠を明確にして、自分の考えをもつことができる。

・問題解決力

自ら課題を発見することや、自分の意見を言ったり友達の考えを聞いたりして課題を解決することができる。

②態度・価値

・他者に対する受容・共感・敬意

友達が考える多様な考え、価値観を理解、共感し、自分の考えを深めていこうとする。

・より良い社会への意識

自然環境や生命ある生き物に対し、今の自分に何ができるかを考えていくことで、生活をより良くする意識や、自然や生き物に関わり、大切なことや良いこと、必要なことを実践しようとする。

本主題（大主題）の指導計画（全3時間＋家庭学習1時間）

時間	主な学習活動
全3時間（本時：1／3時）	○学級で飼っていた生き物のことを思い出し、「生き物・自然の命と関わっていくには、どんなことが大切だろう？」について、問題意識を高める。 ①「ヒキガエルとロバ」を視聴し、ロバがヒキガエルの命を助けた理由を話し合い、生命について考える。 ②「ペットの行方」を読み、外来生物の問題について、自分ならどうするかを話し合い、生き物を飼う・育てる責任について考える。 ③「バルバオの木」を読み、生き物や自然によって心が動かされる要因について話し合い、自然の美しさを感じ取る心について考える。
家庭学習（1時間）	・家庭学習で「心を動かされる生き物、自然」を見つけたり調べたりし、紹介し合い、感じたことを話し合う。 ・「生き物・自然の命と関わっていくには、どんなことが大切だろう？」について自分が考えたことを書く。

本時の流れ（第1時／全3時間）

時	学習活動（・指導上の留意点）
導入	①カエルに石を投げる子どもたちの場面絵を見せ、どんな場面かを想像し、感じたことを話し合う。 ・場面絵から感じた率直な感想を引き出し、本時の教材への関心を高める。 ・「生き物・自然の命と関わっていくには、どんなことが大切だろう？」と投げかけ教材との関連で、問題意識を高める。
展開	②「ヒキガエルとロバ」を読み話し合う。 【主な発問】 ○どんなことが心に残ったか。 ○なぜ、ロバはヒキガエルの命を助けたのだろう？ ○ロバは、ヒキガエルを見つめているとき、どんなことを考えていたか。 ○なぜ、ロバはそこまでしてヒキガエルの命を助けたのか。 ③友達の発言から納得したり新しく気づいたりしたことを話し合い、生き物の命への考えを深める。
まとめ	④自己とのつながりを考える。 ○今日の学習で、どんなことを考えたか。

指導上の工夫

問題追求の視点に立つ学習過程の工夫

道徳的価値を自分のこととして捉え、考えを深められるように問題解決的な学習を取り入れ、自分たちの問題意識から設定した学習テーマを、3時間を貫いて追求していく学習過程を構想した。さらに家庭で自分が心動かされたものを調べ、紹介し合う活動を設定することで自然や環境に目を向け、より生命と自分につなげて考えを深めさせていく。

多面的・多角的思考を促す多様な発問

共感的な発問、分析的な発問、投影的な発問、批判的な発問など、「発問の立ち位置」を生かした多様な発問によって、児童の多面的・多角的な思考を促す。

自己評価シートによる自己評価活動

学習に際して、①学習への意欲（今日の学習は楽しかったか?）、②道徳的価値理解（大切なことが見つかったか?）、③思考の深まり（友達の考えを聞いて、気づいたことがあったか?）、④生活との関わり（自分の生活とのつながりを見つけたか?）、⑤自己の生き方についての考え（これからこうしていこうを見つけることができたか?）について、自分の学びを5段階で評価し、理由を含めて振り返る活動を設定する。

資質・能力の育成の場面

汎用的スキル（主として批判的思考力）の育成

本時において、授業者は、「なぜ、そこまでしてヒキガエルを助けたのか」と発問した。すると、Ｓ1は、「自分がされたら嫌。ヒキガエルの状況を自分と同じ状況だと感じたから助けた」と、自分に置き換え、批判的思考力を発揮して自身の意見を述べる。その意見に対し、Ｓ2は、「なるほど。確かに、ロバとヒキガエルは同じ考えかもしれない」と、Ｓ1の意見や登場人物に対して共鳴している。ここでは、次に示す他者に対する受容・共感・敬意も伴って育つ場面として押さえることができる。

中心的な問いを批判的に深め合う

態度・価値（他者に対する受容・共感・敬意、より良い社会への意識）の育成

さらに、授業者は、授業展開の後半で「今日の話し合いの中で納得したり参考になったりした友達の意見はどの考えか」と問うた。すると、例えばＳ2は「『ひかれるのが見たかった』という意見に、確かに面白そうな様子だから、そういう考えもあるかなと気付いた」Ｓ3は「同じ生き物同士。話し合って、もし自分ならと考えて、相手のことを大切に

しないといけないと思った」などと発言し、友達の発言を受容、共感し、さらに、他者との関わりという視点で意見をまとめていた。これらは、他者に対する受容・共感・敬意とともに、より良い社会への意識に関して顕著に育成されている場面と考えられる。

授業後に、S1とS2にインタビューを行った。その中で、S1は、「はじめは、カエルがかわいそうぐらいにしか考えていなかったけれど、話し合いをしていくと、自分も生き物にいたずらしたことを思い出して、これからはやめようと深く思った。もし自分がこうしたら、相手がこう思う、と先を読んで行動したいと思った」と話した。より良い社会への意識の態度・価値の側面が強く感じられる。またS2は、「他の意見の人の考えについて、それもわかるけれど私はこうなんだ、みたいに認め合いながら話している感じが道徳のいいところ」と学びの様子自体をポジティブに受け止めていた。このように、批判的思考の伴った問題解決的思考が他者への共感などを通してさらに強められている。

多様な立ち位置での発問を生かす問題解決的な思考によって、児童に期待する資質・能力が一体的、関連的に育まれていることに一層確信を深めることができた。

小学校特別活動・6年・単元名「よりよい『われらの夢　最「こう」学年（学級目標）』」をめざして

話合いでよりよい学級（より良い社会）への意識を育てる

資質・能力育成のポイント

話合いでより良い社会への意識を育てることを育成することは多く提案されている。しかし具体的にどのようなプロセスで、資質・能力としてのより良い社会への意識を育成していくのかについては明らかになっていない。

ここではまず事前に各自が学級や学校における生活を振り返り、課題を見出し、解決してよりよくするために最適な学級目標となる漢字の「こう」の案を考える。6年生の授業であり、ここでの「こう」は「最『こう』学年」から導かれたものである。この部分は新たな価値の創造である。事前準備の段階は、個別学習で

図1　グループ活動

図2　各グループの意見の全体での共有

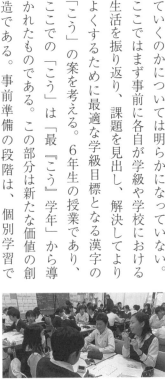

Student agencyが十分に発揮されるように工夫がなされている。各自の「こう」持ち寄りグループで合意形成を図る。この部分は児童相互のCo-agencyが十分に発揮されるように、グループ4人が異なる漢字の「こう」を選んでいる組み合わせにする。児童各自が漢字の「こう」を持ち寄る場面は、学習サイクルモデルでは見通し（Anticipation）、図1のグループでの話合いは行動（Action）の段階、図2のグループでの合意形成の結果を発表して振り返る段階は振り返り（Reflection）となっている。この学習指導モデルはOECD Learning Compass 2030におけるAAR Cycleと一致する。特別活動でより良い社会への意識を育てるという資質・能力を育むことは方向性としてはWell-beingを目指している。そして、価値の創造とともに、学級への責任感やグループでの話合い活動時の対立やジレンマへの対処といったTransformative competencies（より良い未来の創造に向けた変革を起こすコンピテンシー）を活用している。指導方法としては、AAR Cycleを採用している。そして教師はStudent agency（児童の主体性）や児童相互のCo-agency（児童相互の主体性）を発揮させようとしている。

学習指導のポイント

本単元では、学級目標として最適な「こう」という読みの漢字1文字を話合い活動で合意形成する。学級目標を毎年決めている児童にとっては、責任をもって学級目標を決めることは身近な課題であり、また、対立やジレンマに対処しなければならない課題である。本単元では、この課題を扱いながら、小学校高学年における学級活動(1)の「学級や学校における生活づくりへの参画」の内容で「学級や学校における生活上の諸問題の解決」を行う。そして学級や学校における生活をよりよくするための課題を見出し、解決するために話合い、合意形成を図り、実践することを指導していく。

単元の目標

各教科固有の単元目標

・授業者が国語教育に理解が深い教師であるため、国語教育の漢字の指導とも連携させた指導となっている。具体的には、「最『こう』学年」の「こう」と同音の漢字を〔学級目標〕として選ばせるために児童に国語辞書等を用意させている。また、話合いのルールなどについても特別活動に特徴的な方法を知識として伝達する指導を行っている。

育成を目指す資質・能力

①汎用的スキル

・協働する力

小グループで1つの「こう」の候補を決定するため、グループ内の各児童が他者の思いを理解し、合意形成する過程を通し、協働する力の育成を目指す。

・伝える力

小グループでの成果を学級全員に紹介する過程を通し、学級の今後の活動の基盤となる学級目標として採用してもらえるように発表し、伝える力の育成を狙う。

②態度・価値

・他者に対する受容・共感・敬意

各自が個人で選択した「こう」を他者に紹介する活動をとおして、それぞれの個性とその背景となる理由があることを理解し、他者に対する受容・共感・敬意を育成する。そして、他者に対する受容・共感・敬意を基盤としてそれぞれの児童に協力しあう心を育む。

・より良い社会への意識
自分たちの決めた学級目標に向かって今後の学級生活を展開することにより、自分たちが学級生活の充実へ向けて自主的、自律的に取り組めることに気づく。そして集団の中での自己実現と関連させてより良い社会への意識が育つと考えた。

本時の流れ（全1時間）

段階（時間）	学習内容と活動
導入（5分）	①本時のねらいを知り、学級での話合いの進め方について理解する。
展開 つかむ（5分）	②（板書を見ながら）前時の学びについて数名が発表する。司会進行は教師の支援を受けつつ児童が行う。
展開 見つける（15分）	③学級として、3学期に最も必要な「こう」をグループで考え、発表する。 ＊グループは、違った字を選んだ4名となるように編成する。

展開 決める（15分）	④②の活動をもとに、クラスとして必要な「こう」を決め、それに向けて個人として具体的にできることを考えて書き、発表する。 *司会児童が話合い活動の終わりの言葉を述べる。
終末（5分）	⑤教師の話 ⑥本時の振り返り

指導上の工夫

授業の展開では、事前に考えた各自の「こう」を代表者数名が発表して授業の見通し（Anticipation）を確認し、次にグループでの話合い活動（Action）を行い、全体発表による振り返り（Reflection）をするという3種類の場面を設定する。

展開の場面での工夫として、個人学習の発表、学級全体での振り返りの異なる「こう」の文字を持ち寄った児童同士で話し合うグループ活動、話合いの結果生成された「こう」を学級全体に説明して黒板に掲示する発表活動の順番に指導を進めている。このことにより、よりよい学級にするために児童がStudent agency（主体性）を発揮して考案した

「こう」を、グループ成員間の対立やジレンマを経て、Co-agency（共同エージェンシー）を発揮してよりよいものにし、根拠を明確にして新たな価値として「こう」を学級に紹介していくことで、よりよい学級（より良い社会）への児童の意識を意図的に高めている。

資質・能力育成の場面

知識及び技能の育成

(1) 教材の準備

児童S6はS5に対して、「新しい『こう』ってあるんじゃない」と言って、教室においてある国語辞書をとってくる。児童が届く範囲に国語辞書を用意していることは、教師の教材準備の工夫である。調べたい時にすぐに辞書が使えるように、教師も事前に見通しをもって、教室環境を整えている。そのため、教育活動が円滑に進んだ。

(2) 新しい価値の創造のための話合い

S6が辞書をもってきて協働してグループで漢字を調べ始める。すると、S8が「おー、すげー」と「こう」についての新たな発見の驚きを語ったり、S7が「あったよ『こう』」といって、それまで気づかなかった新たないくつかの「こう」を紹介したりすることができた。

態度・価値（より良い社会への意識）の育成

グループ学習で児童たちはいくつかの「こう」の漢字を知り、その中で「鉱」を見つける。S5は「鉱物って珍しいじゃん。だからそういうような希少な人間になりたいという意味でこの鉱物の鉱っていうのもいいかな」といって希少性を学級目標としていきたいという提案をしている。それを受けて、S5は鉱物には光輝くものもあり、個性豊かであることを説明する。そして、個性豊かな学級にしようという意味を込めて、「鉱」という漢字を学級の目標の候補としたいとしている。この場面では、国語辞書から得た「知識」を元に、「鉱」という提案が生まれてくる。希少性を各自の個性と関連させ、それを生かした学級づくりにつなげていることから、より良い社会への意識を発揮しながら、意見を伝え、まとめていく場面として見てとれる。児童側から、個を大切にする学級を目指すといった価値観が生まれた瞬間である。ここでは、希少性を理由とした「鉱」に加えて、個性豊かであるということの例えとしての「鉱」になり、グループ学習がより深い学びをもたらした場面とみることができる。

より良い社会を志向する態度を育む

資質・能力育成のポイント

国際バカロレア　ミドルイヤープログラム（MYP）では、教科内容と実社会との関連性に対する認識を高められるように働きかけることが重視されている。本単元は、心停止状態の心臓に対して電気ショックを行い、心臓を正常なリズムに戻すための医療機器であるAED（自動体外式除細動器）の設置場所や台数に関して、数学を用いて考察したり判断したりすること、さらにそのことを通してより良い社会を志向する態度を育むことを目指し開発・設定したものである。具体的には、救える命を増やすこととAED設置のコストなどをトレードオフしながら「納得解」を探ること、何に価値をおくのかや誰の立場で考えるのかを明確にしながら多面的に議論したり批判的に考察したりすること、自分たちの力でより良い社会をつくっていくことができるという思いをもつことなどの汎用的スキルや態度・価値の育成を図る。また、言うまでもなく、社会の事象を数学の問題として定式化し解決したり判断・意思決定したりすること自体も、グローバルな時代における汎用的スキルとして捉えられる。

教科指導のポイント

身近な地域にＡＥＤが適切に配備されているかを、様々な仮定を設定しながら、また、当該地域の詳細な年齢別人口分布などの実データに基づきながら考察していく。その過程では、「１台のＡＥＤがカバーしている範囲」や「どのＡＥＤを取りに行くのが最も近いか」などを数学的に表現する方法についても探究する。

単元の目標

各教科固有の単元目標

・複数のグラフからＡＥＤに関わる問題点や問題状況を見出す。
・ＡＥＤを取ってくる所要時間に関する仮定をおき、ＡＥＤの設置間隔について検討する。

・住民の年齢構成などのデータに基づきながら、ＡＥＤを増設する場所を考える。
・ＡＥＤごとに、そのＡＥＤが最も近いＡＥＤとなる範囲を、垂直二等分線の性質等を利用して表し、増設する場所の妥当性を評価したり、修正したりする。

育成を目指す資質・能力

①汎用的スキル

・問題解決力
社会の事象を数学の問題として定式化する。／条件や価値観を明確にして、それらをトレードオフしながら、「納得解」を探る。／数学的な根拠に基づいて判断や意思決定をする。
・批判的思考力
価値観や立場を互いに理解して、多面的に議論したり批判的に考察したりする。

②態度・価値

・より良い社会への意識
社会の事象を数学の問題として定式化し解決したり判断・意思決定したりしようとする。／自分たちの力で社会を改善していくことができるという思いをもち、より良い社会を志向する。

単元の指導計画（全3時間）

時間	主な学習活動
第1時	・AEDや心肺停止に関するデータから、AEDに関する理想と現実のギャップを考える。 ・AEDを取ってくる所用時間等を検討しAEDの設置間隔を決める。
第2時（本時）	・AEDが第1時に決めた間隔の範囲内で設置されているかどうかを調べるための「円モデル」を見出す。 ・jSTAT MAPを利用し、住人の年齢構成などのデータと「円モデル」から増設場所を考える。
第3時	・どのAEDが近いかを、「円モデル」の交点を通る直線を引くことで調べる。その直線が垂直二等分線であることを知る。 ・最も近いAEDの場所を示した「AEDマップ」を作成する。 ・作成した「AEDマップ」とjSTAT MAPのデータからどこに増設すべきかを再検討する。

本時の流れ（第2時／全3時間）

時	学習活動（・指導上の留意点）
導入	①前時に設定したＡＥＤの設置間隔（例えば、300ｍ）について確認する。
展開	②学校の近隣ではＡＥＤが300ｍごとに設置されているかどうかを調べる。 ③300ｍごとに設置されているかどうかを調べる方法を発表・検討する。 ④ＡＥＤ設置箇所に人口の割合や65歳以上の人口の割合を重ねた地図を提示し、増設する箇所を検討する。 
まとめ	⑤この学習を通してどのようなことを学んだかを振り返る。

指導上の工夫

現状をデータに基づいて批判的に考察させる

生徒らが指摘することが予想されるAEDの設置の偏りの問題をふまえ、jSTAT MAP（総務省統計局、独立行政法人統計センター提供、小地域別（国勢調査の単位）の人口や年齢別人口が、地図上に色分けして表示される）を印刷した地図を配布し、グループで、AEDを増設したい場所を3つ、優先順位をつけて決めるよう投げかける。グループで考える時間をとった後、その結果を再びクラス全体で共有する。

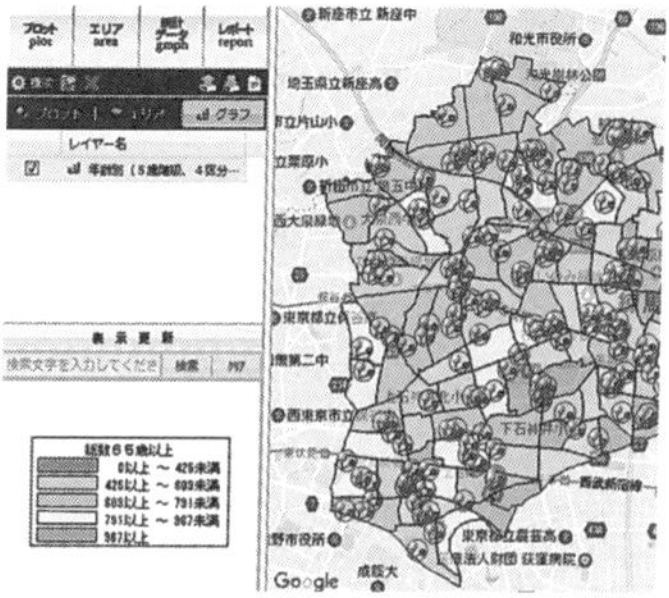

授業の最後に、本問題の解決において大事だと思ったことを振り返って記述させる

このような振り返りは、問題解決の方法や、その背後にある問題場面に対する価値観に関するメタ認知力を高める効果があると考えられる。本問題においては、より良い社会を志向する態度や価値観が、AEDの設置条件を考え、それに基づいて問題状況を見出す際にも、問題解決の結果を互いに批判的に検討する際にも基盤になっている。

資質・能力の育成の場面

知識及び技能の育成

ＡＥＤを300ｍ間隔で設置するという条件を振り返り、２分以内で往復するという仮定に基づいていたので、１つのＡＥＤでカバーできる範囲、すなわち、ＡＥＤを中心とする半径150ｍの円を描いた。前時には、ＡＥＤが必要になった地点を始点に２分以内に往復できる距離を考えていたのに対して、ここでは始点をＡＥＤに変更して考えている。生徒たちは、半径150ｍの円がかかれた図を批判的に考察し、ＡＥＤの設置状況に関するより具体的な問題点を見出した。

汎用的スキル（問題解決力、協働する力）の育成

前時の条件の設定から、本時の優先的に増設する位置の決定まで、一貫して救える命を増やすことを志向し、いくつかの条件をトレードオフしながら問題解決を進めている。その中で、「高齢者が発作を起こす可能性が高いので、高齢者の多い地域に増設すると良い」という考えに対して、「高齢者が多くないとはいえ、住民がいるにも関わらず、ＡＥＤが１つも設置されていない地域があるのは問題だ」とする考えなど、異なる視点からの意見も表出された。この考えを突き詰めれば、コストは気にせずに、もっと多くのＡＥＤを配

置したほうがいいという考えに立ち戻り、本時に行っている問題解決の条件設定がどのような価値観のもとでなされているかが一層明確になったと考えられる。

また、授業後の生徒インタビューからは、価値観を共有した上で、何を優先するかを話し合い、他者と協働しながら問題解決をしていくことを肯定的に捉えていることもわかった。これは、自分たちの問題解決過程をメタ認知できていることの現れであり、これまでの授業において、そのような振り返りを意図的に行っていることの成果と考えられる。

態度・価値（より良い社会への意識）の育成

どのグループも、住民や高齢者が多いにも関わらずＡＥＤが設置されていない地域を見出し、そこにＡＥＤを設置することを最優先した。さらに、その次にどこに設置するかを考えた際には、様々な価値観を表出し合いながら、検討したり議論したりすることができた。これは、より良い社会を指向し、現状をデータに基づいて批判的に考察した結果と捉えられる。

中学校理科・2年・単元名　質量保存の法則

実験を位置付けた問題解決を通して資質・能力を育成する

資質・能力育成のポイント

観察実験を通した実証的な課題解決は理科の特徴である。課題を解決するプロセスを通して、多様な資質・能力の育成が期待されている。資質・能力の育成を実現するためには、生徒に自然の事物・現象に出会わせる中で課題を見いださせ、主体的に課題の解決に向かわせる手立てが大切である。例えば、協働する力を育成するに当たっては他者との対話が大切であり、課題を解決するために、他者と協働する場を積極的に設定し、資質・能力の育成を図りたい。協働する力の育成は協力しあう心の育成にも深く関連すると思われる。また、先を見通す力を育成するに当たっては、課題を解決するための方法を検討する場面が大切であり、観察、実験の方法を計画し、どのようなことが起こるのか、あるいは起こらないのかを予想する場を積極的に設定し、資質・能力の育成を図りたい。

教科指導のポイント

本単元では、化学変化の前後で物質の質量の総和が等しいことを実験を通して見いださせる。まず、開放系で気体が発生する反応、気体が結び付く反応、沈殿が生じる反応を行い、気体の出入りによって質量が変化することに気づかせ、反応前後の物質の質量の総和を測定すれば質量の総和は変化しないのではないかという仮説をもたせる。その上で、その仮説を検証するための実験を計画し、科学的な思考を通して結論を導きたい。

出入りしている気体を含め、反応に関わるすべての物質に注目し、物質の質量の総和が等しいことについての深い理解が図れると良い。

単元の目標

各教科固有の単元目標

○知識及び技能

・質量保存の法則を原子のモデルと関連させて理解している。

○思考力、判断力、表現力等

・反応前後の物質の質量を測定する実験を見通しをもって計画することができる。

・実験を通して、反応前後で物質の質量の総和が等しいことを見いだすことができる。
〇学びに向かう力、人間性等
・試行錯誤しながら課題を解決しようとしている。

育成を目指す資質・能力

①汎用的スキル
・先を見通す力
化学変化に関わる物質の質量の総和に関わる仮説について、どのようなことが起こるのかを予想しながら仮説を検証するための実験方法を計画することができる。
・協働する力
課題を解決するために、他者と協力しながら探究を進めることができる。

②態度・価値
・協力しあう心
課題を解決するために、班や学級の中で他者と積極的に協力したり、関わりをもったりしようとしている。

単元の指導計画（全3時間）

時間	主な学習活動
第1次（1時間）	・気体が発生する実験、気体が結び付く実験、沈殿が生成する実験を開放系で行い、気体の出入りによって質量が変化することに気づく。 ・反応に関わる物質の総量は反応前後で変化しないという仮説をもつ。
第2次（1時間）（本時）	・仮説を検証するための実験方法を計画する。 ・第1次で行った気体が発生する実験と気体が結び付く実験を閉鎖系で行い、反応前後で反応に関わる物質の総量が変化しないことを見いだす。
第3次（1時間）	・質量保存の法則について理解する。 ・化学変化の前後で原子の種類と数は変化しないが、原子の組み合わせは変化していることを原子のモデルを用いながら、質量保存の法則と関連させながら理解する。

本時の流れ（第2時／全3時間）

時	学習活動（・指導上の留意点）
導入	①前時の実験を振り返り、気体の出入りによって反応前後の質量が変化し、気体の出入りがないものは変化していなかったことを思い出す。 ②「気体も含めて、反応に関わる物質の質量をすべて測定すれば、反応前後で質量は変化しない」という仮説を共有する。
展開	③仮説を検証するための実験方法を班ごとに検討する。 ④各班が検討した実験方法を発表し、良い点と課題を確認する。 ⑤妥当な実験方法を学級全体で共有し、実験を行う。
まとめ	⑥実験結果をもとに考察し、結論を導く。 ⑦班の中で話し合いを行い、より妥当な考察を検討する。 ⑧各班の考察を発表し、互いに共有する。 ⑨必要に応じて各自でワークシートの記述を修正する。

指導上の工夫

まず、開放系の実験を行い、同じ実験を閉鎖系で行う

生徒はこれまでにもいろいろな化学変化を経験している。反応前後で質量が減る場合は、塩酸と炭酸水素ナトリウムの反応のように、反応の過程で気体が発生していると考えられる。また、質量が増える場合は、スチールウールの燃焼のように、気体が結び付いたと考えられる。質量が変化しない場合は、硫酸と水酸化マグネシウム水溶液で沈殿が生成する反応のように、反応の過程で気体の出入りを伴わないと考えられる。

実験方法を主体的かつ意欲的に考えさせるためには、課題を解決しようとする必然性を生徒にもたせる必要がある。ここでは密閉された容器の中で化学反応を行い、反応前後の質量を比較する実験が想定されているが、なぜ密閉された容器の中で実験を行うのかという点を生徒が納得していなければ、実験が単なる作業となってしまう。

本実践では開放系の実験を通して、気体の出入りがある場合は反応前後で質量が変化し、気体の出入りがない場合は反応前後で質量は変化しないのではないかということに気づかせ、気体の出入りがあるものについても、密閉した容器中で反応させれば反応に関わる物質の総量は変化しないのではないかという仮説をもたせようとしている。

資質・能力の育成の場面

知識及び技能と思考力、判断力、表現力等の育成

(1) 考察の指導

考察を記述する際には、結論だけでなく結果をもとに何を根拠として結論を導いたのかを明らかにするように指導した。生徒は質量が変化したことや変化していないことについて、観察した現象と電子てんびんの測定データをもとに、根拠とともに記述することができていた。何が事実で、何が主張したい考えで、その考えはどのような根拠によるものなのかを明確にしておくことは、班内や学級内で議論をする場合においても大変重要である。

(2) 原子のモデルを用いたまとめ

まとめの場面では原子のモデルを提示し、反応前後の物質の質量の総和が変化しないことと、原子の種類と数が変化していないこととの関連をはかった。

汎用的スキル（協働する力、先を見通す力）の育成

実験計画を行う場面では、「出入りする気体も含めれば反応前後の物質全体の質量は変化しないのではないか」という課題を意識させ、本時の課題を明確にした。その上で、出入りする気体を含めて質量を測定する実験を各班に検討させ、発表させた。実験方法を考

える際は、生徒が協調しながら、実験方法を提案し、相互の意見をまとめ、見通しをもって実験方法を計画するすがたが見られた。ある班の4人の生徒（S1～S4）の対話のようすを紹介したい。例えば、S1が方法の提案を行うと、S2が具体的な内容を問いかけていた。それに対して、S1はさらに具体的な方法について、根拠を交えて説明し、共通理解をはかろうとした。S3はその方法に理解を示した上で、具体的に瓶を使用することを提案している。S2は酸素などの気体に質量があるかどうかについては懐疑的であったが、S4は容器内に酸素を満たした上で質量を測定すれば、気体の質量が測定できることを発信し、S3はふたをした状態で容器全体の質量を測定すれば、容器中の気体の質量も測定されているという前提で進めていくことを確認した。

態度・価値（協力しあう心）の育成

抽出した1人の生徒は、インタビューの中で、「自分自身の考えに確信が持てないときに、話し合うことによって安心感を得ることができた」と述べている。さらに、「話し合いの過程で自分自身の誤った考え方を修正する場面があった」と述べている。協力しあう心に相当する態度・価値が育成されている可能性が示唆された。

中学校技術・3年・題材名　植物工場によるレタスの水耕栽培

技術による総合的な問題解決活動の中で協働的な力と意思決定への力を育てる

資質・能力育成のポイント

技術の授業では、技術的な問題解決の学習（エンジニアリングの活動）を通して、技術に関する知識及び技能の習得、それらを活用した思考力・判断力・表現力等の育成、さらに技術を評価・活用できるような能力・態度の育成を学習の目標としている。このような資質・能力育成のための学習の中で、実際のエンジニアリングの活動で行われる協働的な活動を学習の中に取り入れ、生徒の互いの学び合いを通して、確かな知識や技能の獲得を目指している点が第1のポイントとなる。さらに、協働的な学びを通して、獲得した知識や技能を活用して、技術的な課題を解決していくために先を見通しながら思考・判断・表現し、課題解決のための意識決定をしていく力を育成していく点が第2のポイントになる。また、実験・実習を通した協働的な学びの中で、協力しあう心を育てたり、試行錯誤の活動の中で困難を乗り越える力を育成していくことが第3のポイントとなる。

教科指導のポイント

生活や社会で活用されている様々な技術は、複数の技術を複合的に用いたシステムの中で活用されていることが多い。本題材では、植物工場をテーマとして技術の在り方について統合的に考えさせ、1年生から3年生を通して学んだ材料と加工の技術や生物育成の技術、エネルギー変換の技術における知識や技能を総合的に活用することをポイントとしている。また、植物工場を作り出す過程では、社会における協働的な活動は重要であり、本学習を通して、小集団による共同作業を指導のポイントとする。

題材の目標

各教科固有の題材目標

○知識及び技能

・植物工場の学習を通して、材料と加工、エネルギー変換、生物育成の各技術の知識及び技能を横断的・総合的に理解・活用する。

○思考力、判断力、表現力等

・材料を加工する技術や生物育成の技術による問題解決活動を通して、協働的な学びの中で、問題解決のために先を見通して意思決定することができる。

○学びに向かう力、人間性等

・生物育成が社会や環境に果たしている役割や影響について理解するとともに、より良い生活や社会を実現するために積極的に生物育成の技術を評価・活用しようとする態度を育てる。

育成を目指す資質・能力

①汎用的スキル

・問題解決力、協働する力、先を見通す力

植物工場を作り出す上で、課題を解決する方法を考えたり、課題解決に向けて他者と協力したり、課題解決のために先を見通して安全性や問題点を抽出し、意思決定できる。

②態度・価値

・他者に対する受容・共感・敬意、協力しあう心、困難を乗り越える力

協力して課題に取り組む上で、他者の意見に対して受容・共感・敬意を払ったり、互いに協力して課題に取り組んだり、解決したい課題を乗り越えることができる。

題材の指導計画（全10時間）

時間	主な学習活動
第1次（4時間）（本時：3／4時）	・育苗箱の製作とたねまき ・植物工場スタンドのスタンドカバーの製作（プラスチック加工） ※第4次まで併行して、レタスの水耕栽培と観察を実施（生物育成）
第2次（2時間）	・植物工場スタンドの支柱部の製作（金属加工）
第3次（1時間）	・植物工場スタンドの台座部の加工（木材加工）
第4次（2時間）	・植物工場スタンドの組立加工と調整・検査
第5次（1時間）	・レタスの収穫と自己評価

本時の流れ（第3時／全10時間）

時	学習活動（・指導上の留意点）
導入	①前時の復習と本時の活動を伝える。 ・ワークシートを使いながら、加工の手順を復習するとともに、安全への配慮、正確な加工について伝える。
展開	②植物工場におけるスタンドカバーの製作を行う（プラスチック加工）。 ③製作活動に併行して、レタスの水耕栽培の養液交換と観察を実施する（生物育成）。 ・製作図を理解し、ふさわしい加工法を判断し、正確な加工を行う。特にユニバーサル基板・支柱との取り付け、穴あけ加工は安全に配慮しながら正確に行うよう伝える。 ・アクリルベンダーの使用時はやけどに気をつけ、適切な加工を行うことに注意させる。 ・レタスの観察は養液交換用の養液を終えてから行わせる。
まとめ	④後片付けをする。 ⑤清掃活動をする。 ⑥本時のまとめと次時の予告。 ・レタスを棚に戻すときには、水こぼしに気を配る。

指導上の工夫

小集団での共同作業を設定する

これまで習得した知識や技能に加え、さらに学習の中で新たに必要となる知識や技能を導入で伝えることにより、展開でそれらを活用しながら思考させることによって、個々の問題を解決するように工夫する。自分たちの課題を協働の中で解決するため、さらに友達と教え合ったり思考させたりし、小集団（4人程度の班活動）で共同作業に取り組ませる。共同作業によって、より適切な加工や正確な加工、植物工場によるレタスの生育方法が習得できるよう工夫する。

習得した生物育成の技術に関して、生活や社会の中で評価・活用できることで役立たせ、創造的な思考を深めさせたい。新しいことを発見し生み出すプロセスを学ぶことは、新たな技術革新を生み出す原動力になることが期待できる一方で、学んだ技術は永遠のものではなく、時間とともに風化する側面もあることを理解させる。また、生活や地域、社会で継続して材料加工の技術や生物育成の技術を評価・活用できる態度をもたせるように、より良い社会をめざす、心豊かな人間の育成につながるよう工夫する。

資質・能力の育成の場面

知識及び技能の育成

(1) 総合的に技術を学習する指導

植物工場に関する複合的な技術を学習する題材を3年生で取り上げることにより、これまで1年生、2年生で学習した材料の性質や加工技術に関する知識、工具や機器を利用した技能習得の学習を活用することができた。

(2) 小集団での共同作業

植物工場における照射装置を製作する学習において、個別の製作学習を取り上げながらも、グループ内における活動を取り入れ、課題を解決する学習を通して、協働する力を促進させることができた。

汎用的スキル(問題解決力、協働する力、先を見通す力)の育成

小集団での共同作業によって、授業者が目の届かない範囲であっても、知識や技能を補完し合いながら協働する力が育成され、互いに課題を解決していく過程で、作業の安全性や次の段取りなどの先を見通す力を高めることができた。

態度・価値（他者に対する受容・共感・敬意、協力しあう心、困難を乗り越える力）の育成

共同作業の中では、人の意見を聞き入れると楽しくグループで意見を出し合うことができた等の生徒の感想があった。また、目標達成のために自分以外の人の意見を聞こうとしたり、グループの話し合いで多様な意見を引き出そうとする等の他者に対する受容・共感・敬意、協力しあう心を育成する場面が見られた。学習における個人の活動評価では、作業の安全に関して学んだ知識を活用し、トラブルや危険につながりそうなことについて心がけるようにした等の経験から、授業で学んだ安全知識を基にして、リスクや危険性を認識し、それを回避したりする先を見通す力が活用されていた。このことから、小集団の中で学びを深めたり、目標達成のために他者と協力したりする協働する力が、授業における先を見通す力の活用・発揮に繋がっていると考えられる。また、小集団での活動を通して、他者に対する受容・共感・敬意等が生徒に芽生え、生徒相互の教え、教えられる関係等が構築され、協力しあう心や困難を乗り越える原動力にもなっていると考えられる。

中学校家庭・2年・単元名　洗剤選びの達人になろう

実験を通し批判的思考力やメタ認知力・より良い社会への意識を育てる

資質・能力育成のポイント

普段の洗剤の選び方や使い方を振り返った上で実験を行い、日常生活と結び付けながら結果を考察することによって、科学的に正しい知識を身につけ、日常生活における洗濯行動にいかしていく。さらに洗剤のパッケージデザインを通して、消費者の立場から商品に示されている情報について考える。これらの学習を行う際、実物を目にしたり実験を自分の手で行ったりすることで、洗剤等に対する好奇心・探究心を発揮させると同時に、自分の生活を客観的に捉え直し、友達と関わりながら思考していくことで、科学的な根拠をもった考えや多様な見方から物事を捉える批判的思考力、自分の生活上の課題を把握し、上手くいくための工夫をするメタ認知力を育成していく。また、自分の洗剤の使用・選択が環境にも影響することにも気づかせ、より良い社会への意識を育成する。

教科指導のポイント

洗濯を行う際、洗剤の働きと衣服の材料に応じた洗剤の種類などがわかり、洗剤を適切に選択して使用できるようになる必要がある。だが、市場には様々な用途・液性の洗剤が出回り、柔軟剤など洗剤とは異なる働きをもつ商品も増えており、中学生にとって、正しい洗剤を選択し、適切に使用することがより困難になっている。

よって、本単元では、洗剤の液性、標準使用量、柔軟剤の働きといった観点から、洗剤について学び、適切に選択し使用できるようにする。その際、自分の行動と社会とのつながりにも気づかせる。また、洗剤のパッケージを見比べたり、自らデザインしたりすることを通して、消費者としてどのような情報が必要かといったことも考えられるようになる。

単元の目標

各教科固有の単元目標

○知識及び技能

・実験を通して得た科学的な知識を基に、洗剤等の働きと衣服の材料に応じた洗剤の種類について理解し、洗剤を適切に選択して使用できる。

○思考力、判断力、表現力等

・日常生活と関連付けたり、他者と関わり合いながら学習することで、多角的に理解する。また、普段の生活と実験結果を結び付けて考えることによって課題を見出し、工夫して衣服の手入れに取り組むことができる。

○学びに向かう力、人間性等

・洗剤の適切な選択・使用が持続可能な社会につながることを理解する。洗剤の働き等に興味をもつとともに、洗剤の機能についてや、消費者の立場から必要な情報について、さらに探究していこうとする。

育成を目指す資質・能力

①汎用的スキル

・批判的思考力
他者と関わり合って学習することで、物事や思考の多様性を理解する。

・メタ認知力
実験や普段の生活の中で、上手くいかないことや出来ていないことなどについて、その理由を考えたり、違うやり方を試したり、工夫したりして取り組むことができる。

②態度・価値

・より良い社会への意識

自分の洗剤の選択・使用の社会への影響を考えることができる。

・好奇心・探究心

洗剤の働きや使用方法、使用量について興味をもつとともに、洗剤の機能的な面や消費者にとって必要な情報を考え、理想の洗剤について、さらに探究していこうとする。

単元の指導計画（全6時間）

時間	主な学習活動
夏休みの課題	・家庭で使われている洗剤等について調べてくる。
第1次（1時間）	・洗剤等が日常的にどのように使われているか、調べてきたことを基に考える。
第2次（3時間：本時）	・実験を通して、洗剤等の使われ方の特徴について、液性、標準使用量、洗剤と柔軟剤の働きの違いの観点から考える。
第3次（2時間）	・洗剤のパッケージデザインを通して、消費者が洗剤購入の際に必要とする情報を考える。

本時の流れ（第2・3時／全6時間）

時	学習活動（・指導上の留意点）
導入	①日常での洗濯の仕方を振り返る（羊毛のセーターを洗う時に使っている洗剤等は何か、洗剤を使う際に計量しているか、柔軟剤だけで洗うことができるか）。 ・自分の家で使っているものや事前調査の結果を確認しながら考えさせる。
展開	②液性についての実験を行う（アルカリ溶液と中性溶液に、毛、綿、アクリルの糸を入れて変化を観察する）。 ③洗剤の濃度と柔軟剤について実験を行う。次の溶液と綿100％平織白布にタバスコをつけた汚染布をペットボトルに入れ、一定の速度で振り、洗浄度を比較する（濃度：水、標準濃度の洗剤液、2倍濃度の洗剤液。柔軟剤の働き：水、標準濃度の柔軟剤液、標準濃度の洗剤液）。 ④実験の結果から言えることをグループでまとめる。 ・結果の予測を立ててから実験を行う。
まとめ	⑤グループの意見を教室全体で共有した上で、繊維の種類と洗剤の液性の関係、適切な濃度、洗剤と柔軟剤の働きの違いについてまとめる。

指導上の工夫

班による話し合いおよび実験を中心に授業を進めていく。各自が調べてきた家庭で使われている洗剤等や教師が準備した洗剤等のパッケージを基に、自分たちがどういった基準で洗剤等を選んでいるかや、洗剤等の使われ方の特徴について考えをまとめ、クラス全体で共有し、自分の考えや他の人の考えを相対的に捉えられるようにする。実験を行う際は、予測を立てた上で行い、自らの手で得られた結果を日常生活と関連付けながら考察させ、自分の生活に関わる事象について、科学的な根拠をもって行動できる力を身につけさせる。

資質・能力の育成の場面

態度・価値（好奇心・探究心）と知識と汎用的スキル（批判的思考力）の育成

液性に関する実験において、当初、うまく反応が進まず、生徒S１は興味を失ったような発言や態度をとっていたが、机間指導をしていた教師が液をかき混ぜると、アルカリ性溶液に毛が溶け始め、「えっ、溶けてる！」と驚いた様子を示し、好奇心・探究心が高まっていた。「これ見ると、本当に洗っちゃいけないって分かる」と、アルカリ性洗剤で羊毛のセーターを洗ってはいけないことを知識として獲得していた。さらに、日常の洗濯では、洗濯機で洗う機会が多いことを踏まえ、「もっと洗濯機なんて強く回してるから、すぐ溶けちゃう」と、実験結果を自分の生活に置き換えて考える批判的思考力が見られた。

知識と態度・価値（メタ認知力）の育成

次に行った洗剤の濃度による汚れ落ちの実験においてS1は、「2倍のやつとそんなに変わりがなかった」と、標準量と2倍量の汚れ落ちの差があまりないことを知識として得ていた。また、班によって結果が多少異なったが、その理由は何かという教師の問いかけに対し、S1は、「他の班と比べると結果が違ったことから、汚れの大きさや力の加え方や形状によっても、汚れの落ち方は違うのかなと思いました」というように、日常の汚れと各家庭での洗濯機の違いを関連付けて、条件が変われば結果が変わると考察するメタ認知力を発揮した。

図1　実験によって液性について学ぶ

汎用的スキル（批判的思考力）と態度・価値（より良い社会への意識）の育成

実験を通して、何を学んだかS1に授業後にインタビューしたところ、「標準の使用量を使った方がいい」ということがわかったと答えた。そう考える理由を尋ねたところ、「やっぱり2倍と普通の量とやって、1つはお金っていうか、消費が激しいと買う分も多くなるし、そういうのが1つ。エコとか、水がそんな汚くならないとか、そういうのが1つあるっていうのと。あとは濃い分、これは自分だけの考えかもしれないんですけど、服が傷みやすくなったりとか、そういうことが考えられるのかなって思います」と3つの観点から考察しており、多様な視点から、標準量の洗剤が良い理由を考えるという批判的思考力を発揮していた。その際、洗剤を必要以上にたくさん使うことは、単にお金がたくさん必要になるというだけでなく、水を汚したり、衣服を早くダメにすることによって、環境に負荷をかけるということにも気づいており、自分の行動が社会へとつながっていくという、より良い社会への意識も育成されていたと考えられる。

中学校保健体育（保健分野）・3年・単元名　感染症

批判的思考力と他者に対する受容・共感・敬意を往還的に相互に高め合うグループディスカッションとその共有

資質・能力育成のポイント

現在、中学生にとって多くの情報を簡単に手に入れることができる状況であるが、それら種々の情報に流されず、その正しさを問い、根拠に基づいて捉えなおすことが必要である。感染症に関し、多くの情報を整理しながら理解を深めていくことは、多様な視点から物事を見つめる力をつけるのに役立つと考えられる。また、感染症の予防や治療に関しても、副作用やリスクも視野に入れて納得のいく選択を考えることで、多面的な思考力を育てることもできる。さらに、正解が1つとは限らない課題に対し、仲間と意見交流する中で解決を目指すことは、自分とは異なる意見を受け入れたり多様な考え方や価値観があることを理解したりすることにつながる。また、未知なできごと（新興感染症への対応等）に対しても、理論的な予測、判断する力をつけることができると考えられる。

教科指導のポイント

中学生にとって感染症は、これまでの感染経験により、身近な存在ではあるが、その要因や予防法に関しては、部分的かつ断片的な知識で成り立っており、それで十分に理解していると捉えている危険性が存在する。さらに、新たな感染症に対しては、対処法がわからない状況であることも想定できる。本単元により、生涯を通して健康な生活を営むために、感染症に関して、自分事として捉えて考え対応できる力をつける機会とする。

単元の目標

各教科固有の単元目標

○知識及び技能

・感染症の発生要因やその予防、対処法について、理解する。

○思考力、判断力、表現力等

・感染症の予防を、感染源、感染経路、体の抵抗力のそれぞれに対して仲間と意見交流しながら考える。

○学びに向かう力、人間性等

・感染したときの行動や抵抗力を高めるための健康管理及び生活習慣について関心をもち、実践する意欲をもつ。

育成を目指す資質・能力

①汎用的スキル

・批判的思考力

多様な情報に対し、客観的・論理的に評価し、正しいと言える根拠を明確に表すことができる。また、課題に対し多様な視点で分析し、多面的に思考することができる。

・先を見通す力

過去の事例から何をすればうまくいくのかを予測し、適切な判断ができ、自身の経験や様々な事例から、リスクを認識し回避する方策を考えることができる。

②態度・価値

・他者に対する受容・共感・敬意

課題解決を目指して意見交流する中で、様々な考えや意見、価値観があることを理解し、受け入れることができる。

単元の指導計画（全2時間）

時間	主な学習活動
第1次（1時間）	・発生の主原因は、病原体の体内への侵入であることを知る。 ・以前学んだ「自然治癒力」の1つとしての免疫と病原体の関係を理解する。 ・克服されたように見える感染症の再燃（結核等）、薬の効かない感染症の発現と関連付けて理解を深める。
第2次（1時間）（本時）	・身近な感染症を取り上げ、感染源、感染経路、体の抵抗力のそれぞれに対して整理して考える。 ・予防に限界がある未知の感染症に対しては、どのように対応したらよいかを考える。 ⇒自分の抵抗力を高めること、情報に敏感であることが重要であることに気づかせる。 ・抵抗力を高めるために、今の自分が心がけること、今できることは何かを考える。

本時の流れ（第2時／全2時間）

時	学習活動（・指導上の留意点）
導入	①前時の「感染症の原因」に関連するレポート発表を行い、感染症の原因について、再確認する。
展開	②感染症の流行の仕方を理解する。 ・前時のグループディスカッション内容を、「感染源」、「感染経路」、「体の抵抗力」に関連付け、感染症の発生要因から自身の発症の可能性を探る。 ③これからの感染症対策について考える。 ・「海外にホームステイすることになった。感染症対策を考えよう」という課題に対し、各グループで考えた内容をシートに記述し、そのシートを掲示し、他のグループの考えと比較する。 ④世界三大感染症（「マラリア」「結核」「エイズ」）を知る。
まとめ	⑤学習感想を書く。

指導上の工夫

基礎的な知識習得の保証

・課題解決に向けて、学級全体で共有する必要がある知識に関しては、授業者から提示して習得させる。生徒がもち合わせていることが予想されるような断片的な知識に関しても、整理し、再確認させる。

グループディスカッション

・共有した知識をもとに、グループディスカッションで課題解決に取り組ませる。グループは、発言機会の自由度を保障し、異なる意見が出現しやすい環境にするために、男女混合の4人グループとする。ディスカッション中は、活発に意見交流が行われているグループに対しては、より根拠をもち合わせた主張になるように促し、意見が出にくいグループに対しては、アドバイスやヒントを与えるようにする。また、どのような傾向に流れているのか、全体把握をしながら、次に提示する課題が適切であるかを考える。

資質・能力の育成の場面

知識及び技能の育成

(1) レポート発表

「感染症の原因」に関連するレポート発表を授業の初めに行い、発表後、発表者4人分の内容を総括して感想をノートに書かせることにより、知識の確認を行う。

(2) グループディスカッションの内容の整理

前時のグループディスカッションの内容を感染症の発生要因に関連付けて整理することで、知識の定着を促す。また、課題についてのグループディスカッションののち、世界三大感染症について説明することで、話し合いの内容と三大感染症についての知識がリンクし、理解が促進する。

汎用的スキル（批判的思考力、先を見通す力）の育成

教師は知識を与えた後、課題を与え、それについてグループディスカッションを行った。それにより、他者の意見を受け入れながら、その前に与えられた知識と照らし合わせ、批判的思考の中で、グループとしての答えをまとめていくことができた。さらに、グループディスカッションの内容は、班ごとにホワイトボードシートにまとめたことで、各自の意見が視覚的に整理されグループとしての意見をまとめるのに役立った。

また、グループディスカッションした内容を、各班の発表により学級全体で共有したことで、さらに批判的思考が高まり、その結果、感染症に対して具体的にどのようなことを心がければ予防できるのかという、先を見通す力の高まりにつながった。

S1は、自分自身の意見を他者の意見に共感させながら批判的思考を重ね、他者に伝わるように伝えたり、いろいろな方向から考えたりすることで、批判的思考力を高め、その結果、先を見通す力が高まった。この生徒は、グループディスカッションでも、批判的思考から先を見通す力への発展が見られたが、他のグループとの意見の共有においても同様の展開が見られた。

態度・価値（他者に対する受容・共感・敬意）の育成

批判的思考力の育成でも触れたが、グループディスカッションおよび他のグループと意見の共有を行うことで、批判的思考力がさらに高まり、自分自身の考えも深まった。その結果、他者に対する受容・共感だけでなく、敬意の念が高まった。S1は共有した結果、自分にない意見が出たことを「非常に心に残りました」という言葉で表現している。

中学校保健体育（体育分野）・1年・単元名　ソフトバレーボール

ゲームとチームミーティングで協働する力を育てる

資質・能力育成のポイント

体育科の球技学習では、チームの仲間と協力して課題を達成するために練習し、話し合いの中でより良い作戦を出し合い共有することが必要である。課題を達成するためには、自分が今もっている力で仲間とコミュニケーションを取りながらゲームに参加し、自分の役割がわかり、ゲームの状況を判断し、ボールに対してどのように動けば良いのか考え、自分自身の役割や技能を振り返る姿を目指したい。また、客観的に自分たちのプレーを分析することで、より深い学び合いが実現するだろう。本単元では、主体的に仲間と関わり、自他の意見を互いに出し合い共有し、自分の役割を責任もって果たしチームに貢献することで協働する力が高まり、チーム以外の仲間に対しても感謝や敬意の気持ちをもつことで他者に対する受容・共感・敬意も育成されていくことをねらった。

教科指導のポイント

バレーボールは、「ネット際にボールを送り出し、いかに相手コートにボールを落とす、自分のコートにボールを落とさせない」を競争課題として、ネットを挟んでの攻防が繰り広げられる運動である。有効な攻撃をするためには、ネット際へのボールの送り出しと高いボール上げ、相手コートに打ち込むまたは落とすことが必要であり、仲間との連携が求められる。守備側は相手の攻撃を弱めるために、コートにボールを落とさせない隊形の工夫やネット際での守備の工夫が求められる。仲間と連携して、いかにボールを落とすか、落とさせないかの攻防や、ネットを挟んでの相手との駆け引きに面白さがある運動である。

単元の目標

各教科固有の単元目標

○知識及び技能

・課題に対して、自分の役割において必要な知識や技能を理解することができる。

○思考力、判断力、表現力等

・課題に対して、ゲームにおける自分の役割を理解し、チームに貢献するための課題を見つけ、状況を判断しながらゲームに参加することができる。

○学びに向かう力、人間性等

・自分の役割を理解し、チームに貢献できるよう仲間と協力して、安全に配慮しながら主体的に動くことができる。

育成を目指す資質・能力

①汎用的スキル

・協働する力

チームの仲間と協力して課題を達成するために練習し、話し合いの中でより良い作戦を出し合うことができる。ゲーム中に自分の役割を果たし貢献しようとすることができる。

②態度・価値

・他者に対する受容・共感・敬意

個々にもっている力を認め合い、作戦やアイディアや意見を出し合い共有することや、仲間同士で良いプレーは褒め合い、うまく行かなかったときにはフォローし合うことができる。チーム外の仲間にも感謝と敬意をもってゲームに臨むことができる。

単元の指導計画（全10時間）

時間	主な学習活動
第1次（2時間）	・オリエンテーション ・準備・体操・ストレッチ ・2対2 ビーチバレー型
第2次（2時間）	・準備・体操・ストレッチ ・W-upゲーム・ミーティング ・ペア練習 ・3対3 チーム内対戦 ・ミーティング
第3次（2時間）（本時：6／10）	・準備・体操・ストレッチ ・W-upゲーム・ミーティング ・3対3 チーム外対戦 チーム練習 ・3対3 チーム外対戦
第4次（4時間）	・準備・体操・ストレッチ ・W-upゲーム・ミーティング ・3対3 チーム内対戦 チーム練習 チーム内対戦

本時の流れ（第6時／全10時間）

時	学習活動（・指導上の留意点）
導入	①準備、ストレッチ、W-up ゲーム ②課題・ルールの確認 「いかにボールをネット際に送り出し、相手コートにボールを落とすか、自分のコートにボールを落とさせないか」 ③チームミーティング
展開	④チーム外対戦　3対3　2分×3回 ⑤チームミーティングと練習 リーダーを中心にミーティングを行い、コーチを中心にチーム練習を行う。 ⑥チーム外対戦　3対3 4人のうち1人が撮影者 ⑦集合 ルール等で確認した方が良いことを共有する。
まとめ	⑧チームミーティング ゲームを振り返り、チームの課題・作戦を考える。 個人の振り返りをルーブリックで行う。

指導上の工夫

パフォーマンス評価【汎用的スキル】と自己評価表と観察【態度・価値】を取り入れる

評価方法の工夫として、パフォーマンス評価を取り入れ、競争課題に対して、「どのように参加したか」＝チームへの貢献（競争課題に対するチームの課題への個々の貢献）を学習成果として見とる。

1つ目は学習カードによって、一人一人が何を課題として、自分の今もっている力でどのようにチームに貢献しようと考えているのか生徒の思考を見とる。また、競争課題に対してチームの立てた作戦を見とる。2つ目は、タブレット端末によって撮影した動画によって、チームの作戦や個人の課題がどのように達成され、チームに貢献できた（貢献しようとした）のか見とる。この2つの方法により、ゲームパフォーマンスと思考の一致を学習成果として見とり個人のチームへの貢献を成果として評価していく。また、ゲームの中の生徒の動きの変容を観察することも必要である。

体育理論で取り入れた学級オリジナル自己評価表によって生徒が自己評価を行うとともに、教師の観察によって生徒の授業に臨む姿勢や活動の変容を見とっていく。

資質・能力の育成の場面

知識及び技能の育成

教師は、ペアになって行うレシーブ練習の際に、それぞれのペアを回りながら、腕や膝の使い方などのポイントについて声をかけていた。ゲーム中においては、良いプレーを瞬時に褒めることで、生徒に動きのポイントを伝えるようにしていた。

チーム練習の時には生徒たち自身が把握した課題を解決するための練習の場が適しているかをモニタリングし、修正が必要な場合は効果的な場を提示したり気づかせたりすることで、知識・技能の育成を支えていた。

汎用的スキル（協働する力）の育成

学習カードや自分たちで撮影した動画を用いて振り返りをさせることで、自分の技能を把握し、より良い作戦を出し合う姿を引き出していた。このことが、自分なりのチームへの貢献の仕方を考えるきっかけとなり、ゲームでは生徒一人一人が今もっている力で自分の役割を果たし、チームに貢献しようとしたりすることが実現していた。この姿は、協働する力だといえる。それがチームに対する責任感（協力しあう心）を高めることにもつながるなど、汎用的スキルが相互作用しながら育成されていることが見出された。

態度・価値（他者に対する受容・共感・敬意）の育成

ゲーム前の挨拶の意味を確かめることで、お互いに尊重し合いながらゲームをすることを押さえたり、個々にもっている力を認め合い、作戦やアイディアや意見を出し合い共有させたりすることを教師は大事にしていた。このことで、生徒は仲間同士で良いプレーは褒め合い、うまく行かなかったときにはフォローし合う姿が実現していたと思われる。チーム外の仲間にも感謝と敬意をもってゲームに臨む態度が見られた。

授業を通して、知識や技術の獲得と同時にそれを道具として活用し、協働する力に導かれていることが確認された。例えば、協働しようとすることを通して、問題解決を行い、それによってチーム内でボールを送り出す意味やその意味を生かすための技術などを学び、それを使って協働する力が発揮されていたのである。他者に対する受容・共感・敬意をベースにしながら、学びに向かう姿勢ができていき、仲間と共に問題解決に向かおうと協働し、知識や技術が構成され、さらに深まりのある協働する力へと変容していくという学びのプロセスの可能性が示唆された。

あとがき

今後の課題として考えられることは以下の3点である。

1つ目の課題は資質・能力のつながりが明らかになっていないということである。どの学年でどのような資質・能力を育成すべきか、またどの教科のどの単元と関連させて指導すると効果的か、ということも明らかになっていない。また1年間を通して年間指導計画という軸、同じ時間に学習している他教科等の軸の両面から、各教科等で育成された資質・能力がどのように統合されていくのかも不明である。

資質・能力は個別に育成されるものではなく、関連して育成されるものであると考えられる。どのように関連させると効果的なのか教科を越えた研究を引き続き研究をしていく必要があると考える。

2つ目はこのような資質・能力を育成された児童・生徒が高校生、大学生、社会人となったときにどのように成長しているかということである。ここで身につけた資質・能力が本当に変化の激しい社会に必要な能力であったのか、これも長期的にはなるが、気をつけて見ていかなければならないだろう。

３つ目はこれが数少ない授業事例に過ぎないということである。授業の対象も、附属学校という数多くある学校の１つの学校に過ぎないし、その学校の数多くある授業の１つに過ぎない。ここで見えた育成プロセスや手立てをすぐに一般化するのは当然危険である。そのためこの本を読んだ読者の方が、ここで示された手立てやプロセスを生かして実践をしていただくことが必要になってくる。当然ここで示されたものでうまくいかないものあるであろう。そのような知見をもとに、プロセスや手立てをより精緻なものにしていきたいと考えている。

しかし本書だけではイメージが湧きにくい方もいらっしゃるであろう。その際は本機構のウェブページで紹介されている授業動画配信システム21CoDOMoSを御覧いただきたい。ここで取り上げられた授業の指導案や動画を見ることができるようになっている。ご興味がある方は次のリンクからご参照いただきたい。

http://www.u-gakugei.ac.jp/~jisedai/21CoDOMoS/index.html

【執筆者紹介】

柄本健太郎　前東京学芸大学講師・武蔵大学特別招聘講師
第１章
田邊　裕子　前東京学芸大学次世代教育研究推進機構助教・山梨学院短期大学講師
第２章１・２
曹　　　蓮　東京学芸大学次世代教育研究推進機構特命助教
第２章１
元　　笑予　東京学芸大学次世代教育研究推進機構特命助教
第２章１
翁川　千里　東京学芸大学次世代教育研究推進機構特命助教
第２章１
扇原　貴志　東京学芸大学次世代教育研究推進機構特命助教
第２章１
押尾　恵吾　東京学芸大学講師（非常勤）
第２章１
高橋美登梨　東京学芸大学講師（非常勤）
第２章１
細川　太輔　埼玉学園大学大学院客員准教授
まえがき・第２章３・第３章小学校国語・あとがき
西村　德行　東京学芸大学准教授
第２章４・小学校図画工作
上田　真也　東京学芸大学附属大泉小学校教諭
第３章小学校国語
大澤　克美　東京学芸大学教授
第３章小学校社会
小倉　勝登　前東京学芸大学附属小学校教諭
第３章小学校社会
中地　雅之　東京学芸大学教授
第３章小学校音楽
齊藤　　豊　東京学芸大学附属世田谷小学校教諭
第３章小学校音楽
大櫃　重剛　東京学芸大学附属世田谷小学校教諭
第３章小学校図画工作

永田　繁雄　東京学芸大学特任教授
第３章小学校道徳
松尾　直博　東京学芸大学教授
第３章小学校道徳
杉本　　遼　東京学芸大学附属大泉小学校教諭
第３章小学校道徳
林　　尚示　東京学芸大学准教授
第３章小学校特別活動
茅野　政徳　前東京学芸大学竹早小学校教諭
第３章小学校特別活動
西村　圭一　東京学芸大学教授
第３章中学校数学
本田　千春　東京学芸大学国際中等教育学校教諭
第３章中学校数学
宮内　卓也　東京学芸大学教授
第３章中学校理科
大谷　　忠　東京学芸大学教授
第３章中学校技術
浦山　浩史　東京学芸大学附竹早中学校教諭
第３章中学校技術
藤田　智子　東京学芸大学准教授
第３章中学校家庭
菊地　英明　東京学芸大学附属国際中等教育学校教諭
第３章中学校家庭
荒川　雅子　東京学芸大学講師
第３章中学校保健体育（保健分野）
上野　佳代　東京学芸大学附属小金井中学校教諭
第３章中学校保健体育（保健分野）
鈴木　　聡　東京学芸大学教授
第３章中学校保健体育（体育分野）
谷　百合香　東京学芸大学附属世田谷中学校教諭
第３章中学校保健体育（体育分野）

【編著者紹介】

西村　徳行（にしむら　とくゆき）

1971年京都市生まれ。東京学芸大学を卒業後、同大学院を修了。東京都区立中学校、筑波大学附属小学校を経て、2014年より現職。専門は教科教育学（美術科教育）、鑑賞教育。文部科学省小学校学習指導要領解説図画工作編作成協力者、国立教育政策研究所「評価規準、評価方法等の工夫改善に関する調査研究」協力者会議（小学校、図画工作科）委員等を歴任。主著に『図画工作・みかたがかわる授業づくり』（単著、東洋館出版社）等。

柄本　健太郎（つかもと　けんたろう）

武蔵大学人文学部教職課程特別招聘講師。2018年、東京学芸大学大学院連合学校教育学研究科学校教育学専攻博士課程退学。専門は教育心理学、教育工学、道徳教育。著書は『モラルの心理学』（分担執筆・北大路書房）、『エビデンスベースの教育心理学』（分担執筆・ナカニシヤ出版）、『コアカリキュラムで学ぶ教育心理学』（分担執筆・培風館）。

2030年の学校教育
―新しい資質・能力を育成する授業モデル

2021年6月初版第1刷刊
2023年5月初版第2刷刊
©編著者　西村徳行
　　　　　柄本健太郎
発行者　藤原光政
発行所　明治図書出版株式会社
http://www.meijitosho.co.jp
（企画）木山麻衣子（校正）丹治梨奈
〒114-0023　東京都北区滝野川7-46-1
振替00160-5-151318　電話03(5907)6702
ご注文窓口　電話03(5907)6668

＊検印省略　組版所　株式会社カシヨ

Printed in Japan　ISBN978-4-18-102225-9